南京稀见文献丛刊

雨花石子记

（民国）王猩酋　撰

周德麟　赵启斌　整理

南京出版社

南京出版传媒集团

图书在版编目（CIP）数据

雨花石子记 / 王猩酋著 . -- 南京 : 南京出版社，2018.4

（南京稀见文献丛刊）

ISBN 978-7-5533-2198-1

Ⅰ . ①雨… Ⅱ . ①王… Ⅲ . ①雨花石—收藏②雨花石—鉴赏③中国文学—现代文学—作品综合集 Ⅳ . ① G262.3 ② TS933.21 ③ I216.2

中国版本图书馆 CIP 数据核字 (2018) 第 069878 号

丛 书 名： 南京稀见文献丛刊
书　　名： 雨花石子记
作　　者： （民国）王猩酋
出版发行： 南京出版传媒集团
南 京 出 版 社

社址：南京市太平门街53号　　邮编：210016
网址：http://www.njcbs.cn　　电子信箱：njcbs1988@163.com
天猫1店：https://njcbcmjtts.tmall.com/　　天猫2店：https://nanjingchubanshets.tmall.com/
联系电话：025-83283893、83283864（营销）　025-83112257（编务）

出 版 人： 项晓宁
出 品 人： 卢海鸣
责任编辑： 杨传兵
装帧设计： 王　俊
责任印制： 杨福彬

制　　版： 南京新华丰制版有限公司
印　　刷： 南京工大印务有限公司
开　　本： 890毫米×1240毫米　1/32
印　　张： 6
字　　数： 116千
版　　次： 2018年 4 月第 1 版
印　　次： 2018年 5 月第 2 次印刷
书　　号： ISBN 978-7-5533-2198-1
定　　价： 29.00元

天猫1店　　天猫2店

学术顾问

编委会

总　序

南京是我国著名的七大古都之一，又是国务院首批公布的24座历史文化名城之一。有将近2500年的建城史，约450年的建都史，号称“六朝古都”“十朝都会”。南京的地方文献是中华历史文化资源的一个重要组成部分，是研究我国政治、经济、军事、文化和民风民俗的重要资料。为了贯彻落实党的十九大精神和习近平新时代中国特色社会主义思想，配合南京的经济发展与城市建设，深度挖掘历史文化资源，做好历史文献整理出版工作，不仅有利于传承、弘扬南京历史文化，提升南京品位，扩大南京影响力，也有利于推动物质文明、政治文明、精神文明、社会文明、生态文明协调发展。

长期以来，南京地方文献还没有系统地整理出版过，大量的南京珍贵文献散落在全国各地的图书馆和民间。许多珍贵的南京文献被束之高阁，无人问津，有的随着岁月的流逝而湮没无闻。广大读者想要查找阅读这些散见的地方文献，费时费力，十分不便。为开发和利用好这一祖先留给我们的文化瑰宝，充分发挥其资治、存史、教化、育人功能，南京市地方志编纂委员会办公室与南京出版传媒集团·南京出版社组织了一批专家和相关人员，致力于搜集整理出版南京历史上稀有的、珍贵的经典文献，并把“南京稀见文献丛刊”精心打造成古都南京的文化品牌和特色名片。为此，我们在内容定位上是全方位、多视角地展示南京文化的深层内涵和丰富魅力；在读者定位上是广大知识分子、各级党政干部以及具有中等以上文化程度的人；在价值定位上，从书兼顾学术研究、知识普及这两者的价值。这套丛书的版本力求是国内最早最好的版本，点校者力求是南京地方文化方面的专家学者，在装帧设计印刷上也力求高质量。

总之，我们力图通过这套丛书的出版，扩大稀见文献的流传范围，让更多的读者能够阅读到这些文献；增加稀见文献的存世数量，保存稀见文献；提升稀见文献的地位，突显稀见文献所具有的正史史料所没有的价值。

“南京稀见文献丛刊”编委会

导 读

雨花石文化有着非常悠久的历史，南京北阴阳营新石器时代文化遗址、高邮龙虬庄新石器时代早期文化遗址、湖南澧县八十垱新石器文化遗址、常州溧阳神墩新石器时代文化遗址都曾经有雨花石的发掘出土，时间在距今5000年至9000年之间。也就是说，5000年以前的新石器时代，雨花石就已经进入了人们的视野，从而诞生了极具特色的雨花石文化。

雨花石文化，作为赏石文化的一个重要组成部分，受到历朝历代人们的关注，有关雨花石收藏、鉴赏的专著以及文艺作品，屡屡出现，尤其是明清时期《素园石谱》《红楼梦》等赏石专著、文学名著的出现，将雨花石文化推到了新的高度。民国时期，雨花石文化迎来了发展高潮期，西方文化尤其是现代物理学、地理学、化学、地质学在我国的引进和发展，为雨花石文化提供了难得的历史机遇，使其不断吸收新观念的滋养，将地质学、古生物学、考古学、地理学、物理学、化学、美学、文学、艺术以及色彩学等领域的现代学术思想、观念和方法加以接纳与运用，将雨花石收藏、鉴赏和科学研究引向了新境地。

进入民国后，雨花石的收藏、鉴赏、研究形成新风气，出现了诸多专门的雨花石收藏家、鉴赏家，如王猩酋、张轮远、许问石、徐悲鸿、老舍、沈钧儒、梅兰芳、言慧珠、冯亦代、朱孔阳、金少山、张二鹏、王朝闻、陆俨少等。伴随雨花石收藏群体的出现，有关雨花石的诗文创作、鉴赏研究专著也陆续繁盛，王猩酋的《雨花石子记》便是在这一时期出现的一部雨花石收藏、鉴赏、研究的重要专著。该书自问世以来，一直脍炙人口，受到广泛赞誉，直到现如今在雨花石收藏、鉴赏界都有着不容忽视的影响，成为20世纪上半叶出现的最为重要的赏石专著之一。

王猩酋（1876—1948），名文桂，字馨秋，中年易字星球，晚年更用猩酋，号迟道人，别号净饭王、石器猿人，天津市武清县王庆坨镇人。11岁进入私塾学校学习，1896年在会考中被录取为天津县学第八名，工书画，善考据，潜心教育，精通医术，在当地颇具声望。1945年王庆坨镇第一次解放，王猩酋奋笔疾书《八路军赞歌》，鼓励孙子及进步青年秘密学习《论持久战》《中国共产党在民族战争中的地位》；1948年王庆坨镇第二次解放，又送长孙从军，鼓励次孙参加共产党。可以说，王猩酋是具有节操的爱国老人、开明学者、鉴赏家、教育家，是集学者、诗人、教师、医生、雨花石收藏家于一身的文化老人。《雨花石子记》是王猩酋一生鉴赏、收藏雨花石的记录和总结，承载着他一生的心路历程、审美体验和文化感触，从一个侧面反映出民国时期雨花石收藏、鉴赏活动的盛况以及赏石文化发展演变的历程，代表了此一时期雨花石鉴赏、研究的水平。

《雨花石子记》是中国现代第一部结合传统文化观念和现代学术理念系统研究雨花石的经典文献，对雨花石收藏的历史、概念、产地、成因、收藏心理、收藏者的文化素质、收藏标准、鉴赏品第、命名、赏玩的禁忌等都做了深入的阐述。该书是一部奠基之作，提出的观点囊括了后来雨花石研究、收藏的大致范畴，对于现代雨花石研究和雨花石文化的发展，起到了理论上的先导作用，后人的论述基本上没有超出他的阐释范围。

《雨花石子记》有不少赏石观点非常独特新颖。王猩酋认为雨花石虽然有很悠久的历史，但真正进入鉴赏文化的阶段，因士大夫阶层的注意从而成为赏玩、娱乐情志的历史，应从北宋末年的苏轼开始，他的这一观点为探溯雨花石鉴赏文化的历史提供了新的参考。

此外，他提出的“大雨花石”概念，可以说是雨花石概念范畴研究的重大突破：

> 石子五色绚烂者各地有之，皆不及雨花。而金陵鬻者多来自六合县，且曰六合之产实盛于雨花台。然则石之美者当称六合石，或称瓜步石，且不限于一地，沿长江皆有之也。宜昌有玛瑙涧……苏东坡、宋牧仲又皆得之于黄州。而当涂县之采石矶，又似因五采石得名者。可见优秀石子，不限于雨花台，然皆不出长江一带，故又可称长江流域石。

王猩酋认为整个长江流域所产优秀石子皆可统而称之为雨花石，也可称之为长江流域石，这一广义雨花石概念的提出，将雨花石来源的区域加以扩大，为雨花石的研究提供了新的思路。地质学工作者根据地质发现，在一定程度上也印证了他的这一假说的合理性，成为雨花石界研究雨花石来源、范围和概念界定的一个最为流行的论断。

王猩酋在《雨花石子记》“史”篇中又提到宋牧仲《怪石赞》中在黄州求雨花石事宜：牧仲住黄州年余遍求不得聚宝山，疑牧仲误闻金陵聚宝山石子名而求之黄州也，牧仲宿儒不知聚宝山在金陵乎，抑黄州亦有聚宝山乎。他认为黄州历史上产雨花石是可以肯定的。当然，根据黄庭坚的诗词所记，他在九江也曾经得到雨花石，由兹也可证明雨花石分布的广泛性。

对于雨花石的鉴赏品第，王猩酋也有自己的分类标准。根据我国传统的诗文书画的鉴赏理论，他将雨花石品第分为三等九级，即上等灵品、奇品、隽品，中等幽品、精品、纯品，下等别品、常品、庸品。其品石注重质、形、色、纹以及定名。他的鉴赏活动和研究工作，为以后的雨花石鉴赏研究的深入进行做了铺垫，尤其“三等九级”品石说的出现，标志着雨花石赏石文化的理论成熟，后来的雨花石赏石研究理论基本上沿袭了王猩酋的分类标准，虽然具体划分的标准和观念不尽一致，但品石分类原则基本上是他主张的深化和延续。

《雨花石子记》公开刊出的时间比较早，20世纪二三十年代，便在天津英租界中文版《泰晤士报》上以连载的形式刊登。1940年，南京文艺月刊《国艺》再次发表《雨花石子记》；1943年，张次溪将《雨花石子记》收入“中国史迹风土丛书”。改革开放以来，赏石之风再次兴起，收藏鉴赏研究雨花石进入了又一轮的发展旺期，2006年，王猩酋先生的门生胡庚辰先生再次对该书加以整理，以单行本的形式出版，使王猩酋的收藏鉴赏理念获得了新的传播，限于所印数量，眼下已难以获取，殊为可惜。感谢南京出版社的“南京稀见文献丛刊”慧眼识珠，将该书重新纳入出版，嘉惠同好。本次整理参照“中国史迹风土丛书”版的六卷本面貌，并将该书未收的王猩酋的其他文章，以及与王猩酋、与《雨花石子记》相关的单篇文章，以附录形式附后，便于研读。

周德麟　赵启斌

自　序

岁乙卯，始蓄雨花。午未申酉间，亲友同好者六七人，赏奇斗异欢如也。其后同人涣散，余独不衰，惟希望高奢，所得遂少。己卯庚辰，东莞张次溪客金陵，余倩其觅秦淮，一岁之顷，得四百余枚，佳妙者居强半。好石以来此为大进。随时作记，参差不齐，乃连缀成一册，以备观览。第七十八辛巳，风叶打窗之秋，灃阴王猩酋濡墨松花江砚。

目　录

卷一 史、地、质、形、色、纹

史

《尚书·禹贡》，青州，铅松怪石。怪石二字，斯为最早，不知其怪若何？

《三国·吴志·诸葛恪传》，建业南有长陵，名曰石子冈，葬者依焉。按金陵石子，此时有无玩好者，琐事已无可考，但石子二字已为人所称道。

苏东坡《怪石供》，《禹贡》青州有铅松怪石，解者曰怪石。石似玉者，今齐安江上往往得美石，与玉无辨，多红黄白色，其纹如人指上螺，精明可爱，虽巧者以意绘画，尤不能及，岂古所谓怪石者耶。凡物之丑者生于相形，吾未知其果安在耶。使世间石皆若此，则今之凡石复为怪矣。海外有形语之国，口不能言而相喻以形，其以形语也捷于口，使吾为之不亦难乎。故夫天机之动忽焉而成，而人真以为巧也。虽然，自禹以来怪之矣。齐安小儿浴江，时有得之者，戏以饼饵易之，既久，得二百九十有八枚，大者兼寸，小者如枣栗菱芡，其一如虎豹之首，有口鼻眼处，以为群石之长。又得古铜盘一枚以盛石，挹水注之粲然，而庐山归宗佛印禅师适有使至，遂以为供。禅师尝以道眼观一切，世间混沌空洞，了无一物，虽夜光尺璧与瓦砾等，而况此石。虽然，愿受以此供，灌以墨池水，强为一笑。使自今以往，山僧野人欲供禅师而力不能办衣眠饮食卧具者，皆净水注石为供，盖自苏子瞻始。元丰五年五月，黄州东坡雪堂书。

苏子既以怪石供佛印，佛印以其言刻诸石。苏子闻而笑曰，是安所从来哉，余以饼易诸小儿者也，以可食易无用，余既足笑矣，彼又从而刻之，今以饼供佛印，必不刻也，石与饼何异。参寥子曰然，供者幻也，受者亦幻也，刻其言者亦幻也，夫幻何适而不可。举手而示苏子曰，拱此而揖人，人莫不喜，戟此而詈人，人莫不怒，同是手也而喜怒异，世未有非之者也，子诚知拱戟之皆幻，则喜怒虽存而根亡，刻与不刻无不可者。苏子大笑曰，子欲之耶，亦足供之，凡二百五十，并二石盘云。

按东坡《怪石供》虽在黄州，即雨花石玩好之先进也。东坡诚好事者哉，饼饵易之既久，得二百九十有八枚，非一朝一夕之故也。既又供参寥二百五十，则凡与江上小儿交际者可知其熟矣，惜东坡未曾一至金陵耳。

杜绾《云林石谱》，真州六合县，水中或沙土中出玛瑙石，颇细碎，有绝大而纯白者，五色纹如刷丝，甚温润莹澈，工人采纹采或斑斓点处，就巧碾佛像。

按《云林石谱》，作于杜衍之孙杜绾，后东坡无几时，所云六合县，今犹以为极佳之产地。采者售于金陵，冒雨花台名。在宋时雨花石尚未名雨花也于此可见。惟工人就巧碾成佛像，未免无知妄作，煮鹤烧琴，今之雨花石至北京者，多遭此惨，磨光穿孔，大失天然。石友曹篔孙觅石于北京者数年，所得者强半为人工穿凿，叹人工于此为恶道也，噫！自宋以来已如此。

《云林石谱》，荆南府松滋县溪中出五色石，间有莹澈，纹理温润如刷丝，与真州玛瑙不异，土人未贡。

《云林石谱》，黄州江岸与武昌相对，江水中有石，玉色斑斓，光润莹澈，纹如刷丝，其质或成诸物像，率皆细碎。顷因东坡先生以饼饵易于小儿，得大小百余枚，作《怪石供》以遗佛印，后甚为士大夫所采玩。

按《云林石谱》，谓东坡先生作《怪石供》以遗佛印，后甚为士大夫所采玩。于此见石子之玩好，发起于宋时，谓东坡先生为雨花石子赏鉴家鼻祖可也。

清宋牧仲《怪石赞》，齐安怪石名天下，自苏子瞻始，余客黄年余，遍求不得所谓聚宝山者，岁秋友人以石饷，较纹辨色，得十有六枚，甚可宝玩。其一枚锋棱如翦，名宜春胜。赞曰：人日有俗，作宜春胜。惟此文石，翦彩之剩。绘画莫及，光彩照乘。爰置雪堂，发我清兴。其二如紫菱，有僧坐蒲团，名达摩影。赞曰：达摩面壁，影在嵩少。胡为此石，端然含照。其四如寒潭秋藻，赞曰：霜飞木落，秋水澄清。翠，潭底纵横。惟兹景物，造化之妙。我有片石，是则是效。三伏炎热，于焉攸好。

按商丘宋氏仰慕东坡自号西坡，而因石亦追迹之。所云遍求不得所谓聚宝山者，疑牧仲误闻金陵聚宝山石子名而求之黄州也。牧仲宿儒不知聚宝山在金陵乎，抑黄州亦有聚宝山乎。

陈卧子《秋园杂佩》，雨花之佳，猩红黛绿，不可名状，或为羊脂，或为鹅黄，或为蜀川锦，或为鹦鹉紫，或为僧眼碧，朱者为美人睡痕，黑者为山猿怪瘿。

潘景伯《焦山石记》，焦山有异石，旋失去，在润州市上得之。绘图泐石，石凡四，均大如燕卵，一似老人曳杖，状极幽闲，曰高士石。一赤衣把卷，坐树下，神气宛然，曰把卷石。一扁舟石，如放中流，樯棹欹斜，人依篷坐，大有乘风之概。一梅花石，枝干盘曲，繁花嫩蕊，错落有致，现藏焦山仰止轩中。

按陈、潘两记，皆丰韵可喜，陈则注重颜色，潘则摹写景态，善玩雨花者也。

壬戌癸亥间，余杂写雨花石，在《泰晤士报》中与吴人张影香往来谈话，渠谓《琅嬛阁琐言》有《雨花菁华录》，宋洪迈撰。余终疑《雨花菁华录》书名不类宋人也，今记其文如下：《琅嬛阁琐言》，洪迈《雨花菁华录》，余使金时，书用敌国体，金人怒，锢之旬日，幽闭不堪，志终不屈，后送还，金人以雨花石琢带版献为谢罪品，余受其石，屏弃其带，及归敬上，上爱其山景肖真，宝之。

张影香云，万历间，士人有于雨花台下以石子易酒食者，忘其见于何书。

雨花石大约在史前已来金陵作寓客，经久不遇知音，直至宋人始有惊其美者，于是游人学子，好事赏奇者，探得而宝爱之。惟苏东坡、宋牧仲但在黄州，杜云林虽知有六合县，俱未道及雨花台三字耳。

地

石子五色绚烂者各地有之，皆不及雨花。而金陵鬻者多来自六合县，且曰六合之产实胜于雨花台。然则石子美者当称六合石，或称瓜步石，且不限于一地，沿长江皆有之也。宜昌有玛瑙涧，常德桃源县琢文石为图章，津市笔店有寄售者，顽坚不能刻字，纹理采色与雨花等，苏东坡、宋牧仲又皆得之黄州，而当涂县之采石矶，又似因五彩石得名者，可见优秀石子，虽不限于雨花台，然皆不出长江一带。故又可称长江流域石，他处莫能逮也。

长江发源于青海，绕横断山脉，突过川滇，以横贯中国全部。所经之高山峻岭，欆洞蛮岩，所吸收之灵泉秀水，长川大湖，纵横数千里间，包罗万有，最为宏富。以故奇形异状之石子，随江流而东转，以寓滞乎大江两岸者，盖不知其恒河沙数矣。金陵六合之间，为长江尾闾，全部精英所荟萃，又近海气之蒸润，故均是长江流域，而金陵六合又特胜于上游。

六合县为古之瓜步洲，其地有山曰灵弥，山前有沟，沟中有美好石子，土人拾而蓄之，售于贩者，以转于金陵市上，雨花台前。

胡镜涵客瓜步，为余寻石灵弥山，其日微雨，偕一友擎雨伞，自瓜步行三十里至灵弥山，大索山下，迄未得佳石，以此见美石之不数觏，非可咄嗟立求俯拾即是也。

于筱洲以书记佐军，驻神策门外巴斗山，金陵之北门也。六合县贩石人入金陵路必由此，于君得截而买之，以其菁华遗余。

金陵为楚所设邑，吴曰石头城，何以石头为名乎？若以吾人之游戏而论，非雨花石不足以当之。

六朝事迹，梁武帝时，云光法师讲经于雨花台高冈，感得天雨花，故名其冈曰雨花台，此妄言也。梁武帝佞佛而无法，达摩一见便去之，岂有感天雨花事。

矿学书有蛋白石，即雨花石类也。谓产于岩石之罅隙间。今雨花石乃多掇于土冈者何也？盖此石之初成，有未可以理想定者，谓其产于岩石之罅隙间者非产于岩石间也？乃由人始见于石间耳，岩石间何能产此奇纹异色石子耶？大凡此石必有寓于岩石间者，未经出山入水随江淤积者也。有寓于土冈淤积者，是几千万年以前出山入水随江淤积而成冈陵者也。今雨花台、石子冈、六合县等处所发见之石子，皆土冈淤积者也。

上年余与石同人研求雨花石之来路，究不得其初因，因就其发见之地为土冈沙沟，而谓之流寓旅客，以为此种石子既在土中砂中寓存，则其来自远方为江水所冲淤也可断言矣。今矿学家谓其产于岩石之罅隙间，较土冈沙沟稍得其根本，又进一级，然究非胚胎于岩石罅隙间，又可断言也。盖岩石之内，罅隙夹杂之中，似无孕育此石之理，则其岩石罅隙间者亦寓客也。岩石罅隙间者未出山之寓客也，土冈沙沟者已出山之寓客也，皆流寓旅客也。而欲知初生之地，则莫得而知之。

张鸿荫谓雨花石子既属具体浑然，又属火成，疑其所由来为天空之流星，如春秋所谓星陨如雨者，颇为近理。春秋时代尚有星陨如雨之异，安知地球初凝定时不有星陨如雨更繁错盛多于后世者乎。纹理颜色之美丽，倏然成于顷刻，如雪花雹子结晶之类，非天空自然之巧而何耶？殆由天空先坠于岩石之时，岩石尚未凝定未完密之时欤。世称天花乱坠，此时是矣。石为陨星，既为近理之说矣。顾或者曰，天空陨星不择地也，胡为乎长江一带独秀润异于他方耶？此亦有理之疑问，姑俱存之，仍以俟考。

质

雨花石火成也,尝以钢铁相镞,随手迸出火星子,是其证。

矿学书谓蛋白石成分为含水矽酸,似水晶,坚硬逊之,不透明,有乳白黄青等色,断口成介壳状,其透明或半透明,光色美丽如虹状者,曰贵蛋白石;无色透明如玻璃成粟粒状者,为玉滴石。

矿学书谓矽一名硅素,非金属原质之一,为褐色粉末或针状、板片状之结晶,散布极广,惟多与石英等化合,为制造玻璃之原料。

壬戌癸亥间,戏作《雨花石说》,载《泰晤士报》中,其文如下,盖盲说也。

雨花石质约分数种,最优者可定名为蛋白质,如鸡卵清、正白色,莹然透澈,向日望之,浸水窥之,则如雾如烟,溟溟如细雨,透而不露,如葡萄剥皮,非若水晶玻璃之一眼彻底,毫无蕴蓄也。此质直是一团清气,不止如液体而已。按此种陋见,颇与矿学、化学名词相合,亦足见雨花石子之妙,为世界所公认也。

于蛋白质中窥见其内有青山绿树一切景物者,其蛋白一方面须为凸出,或两端通透,是谓澄清蛋白质。凡澄清蛋白质,必有色体重浊沉坠于底下,轻清重浊之义也。有与杂色杂质相参错者,其蛋白无大段落,谓之杂糅蛋白质。其次则零星浅薄,碎裂冰纹,谓之疤痕蛋白质,虽曰蛋白,无足贵焉。

澄清蛋白有内景者极少,以其澄清一偏也。至于杂糅蛋白，多外景可观，二者纹色相得，均为上品。

纯全蛋白质无他参杂，而有深刻之纹理，如人工镌刻之工巧者，是为异品为神品，万千枚中不一遇也。玉质玛瑙质，虽亦细润温厚，然不如蛋白质之清虚灵妙也。玛瑙质有红色者有黄白色者，往往其中有物形者，世所谓内透也，白者胜于红黄，有纹理颜色为辅助，亦为上品。无则白如截肪、黄侔蒸栗、赤拟鸡冠，无足取焉。

瓷质泥质，或滑泽而不透，或涩粗而不光，二者质劣。而纹理细腻奇巧者，亦有态可观。

雨花石以长江流域为范围，得大江清润之气，无论何质，皆秀泽可喜，虽粗糙者一望而知为雨花。故他处石子羼入其中，则有非种必锄之势。

古人重玉，取其纯白也。若以文章美丽而言之，石之胜玉者甚多，而雨花之妙尤为玉所不及。字书王部石部之字，所引注解，每云石之次玉者，余尝笑其无识。古人好阰级，上客食肉，中客食鱼，下客食菜。是以赵盾食鱼飧，鉏麑叹其俭。石何以皆次玉，盖不加察也。今局外人见雨花石则赞称云如玉如玛瑙，非知雨花者也。

形

雨花石子为天然具体之形，如草木之果实，虫鸟之卵球也。他山之石，大率皆由大块裂为小块，经磨荡而去棱隅，以成石子者。惟雨花则一气完成，混沌小天地。矿学家谓为圆卵形非结晶体者是也。然其形则千状万态，了无一定，又非若果实卵球之有律格也。

雨花石固无定形，而稍平扁者，必有阴阳两面，其圆形或棱隅凹凸诸形，亦必有一部平如底者，似在液体未定之时，其质尚软，由高而坠落，其着地处受重量而挤压以平，或触棱以凹也。

东坡《怪石供》，大者兼寸，小者如枣栗菱芡，东坡立言之妙也。枣栗为一级，菱芡为一级，相递而降，二字成文，四字成文，骤读之不过状其小耳，细玩之乃天然四层级，石之小者已总括无遗矣。

东坡云大者兼寸，今雨花石大者果不过一掌也。甲子乙丑间，津人黄山客寓金陵，来函云，雨花石发现大者，四人舁之，当数百斤重。此间石友，或以为戏言也，后闻张哲明亦言之。

余与友人弄石，定一例：凡石之具体形者曰外形；其石中之纹色成一物形者曰内形；故外形亦曰具形，内形亦曰寓形。

具形虽逼肖，无甚趣味，唯寓形最有可观，虽不甚像，人亦喜之。

石之形以平扁有两面为善，因有景物纹色便于观玩也。

周圆如球，棱隅不整，皆下也。然使景像纹色秀异绝伦者，亦终列上品。

形之小大虽不甚拘，然过大则不能把握，不便携带，只宜供诸案头，非所尚也。过小则亦不堪把握，虽便于提携，而易于遗失，亦非所尚也。惟其重量在二两以下，六钱以上者，为雨花石大小之适当。

雨花石之形有浅显易见者，有奥秘难名者，亦在弄石者眼界为之定名。

局外人及粗俗人之拟形定名,类多不雅,未免侮石,可置不理,又可勿令见之。

形定而名于是乎定,尝有石美而无所成名者,亦有石虽寻常,而有形可名,便升一格者,形能逼肖,又可列为优等也。

外形唯动物最易引人注意,他物形皆未易显亮。内形则动物之外草木果实皆上也。器具形次之,若夫山水园亭城廓林皋风景若画片者,往往可以卧游,可以握游,自是石之上品,外形安有此乎,故曰具形不如寓形。

年来阅石既多,其周圆或正方长方形者甚少,惟椭圆而扁者作横幅风景画看,或上稍锐而下丰,皆取景之惯例也。故椭而长形者恒不立取景。

色

色与形相倚也。因形命名,其色又不刺谬,是为上品。假如有形似竹,而色绿为合,色朱色黄为乖。形似龟鳖,而色绿色黑色黄皆为合色,朱则为乖。以此类推,故色与形相得益彰也。

有单纯色,一石皆绿或皆黄皆红是也。有复杂色,一石之内绚烂杂错是也。

雨花石以绿色为上,红黄次之,白与黑又次之。绿者稀少,红黄者多。

雨花石历年所见数千万枚,无蓝色者。有近乎蓝色者,乃浓深之绿,积而欲蓝,仍非正蓝也。靛蓝色者迄未一见,亦雨花石待考之一也。

色贵鲜艳浓厚,亦有轻描淡写,如人工画图者,亦为佳妙。

五色绚烂可喜者，虽不成景，亦自可取。

石以色胜为第一要点，色胜则虽不成形，亦不失为美石。倘无颜色，虽形质可贵，终非尽善。故余之癖石也偏于好色。

《云林石谱》论石，每在形势玲珑上着意。至颜色，则十八九不论及。故余谓杜氏之于石非内家也。倘有颜色，何拘形势，石何形而不可。

色之绿者蓝者可以养人之目，而红者眩人。此近世之常识也，雨花石之例亦如之。

绿色亦有数种，其绿过老而转黑者下也，绿而黄嫩者斯为上品之绿。每取以与草木之叶相映而较之，则见其缺乏黄料，不如草木为正绿。

色有敷于石面者，有融洽于半内半外者，有由孔隙灌而渐深者，是亦蛋白清透可见也，此品最上，深而可见尤难得。

面部之色，有形迹可见，从外来粘贴者，最为奇怪。其震断处尚带破痕，此色从何处来哉。

色有生于皮面者，稍微凸起，疑为全部剥削外皮而独留此也。然此色又复常有范围作他色，非全剥而独留此也。此尤不可解之妙。

雨花石之色，虽逊于草木之华叶，然一浸水观之，则鲜艳殆有过之无不及也。故欲观石之色者，浸之清水中，观毕则干之，久浸则败色。

有一色而分别浅深者，错杂不成纹理，不成景像，自是寻常品。有形象分别，而色亦随之分别浅深者，是优秀品。如竹与树形分别，而绿色之浅深亦分别；叶与鸟形分别，而黄色之浅深亦分别。

雨花石之色，有如画工之妙者，能恰好渲染其地位，不溢不歉。雨花石之色，有似青非青，似黄非黄，似紫非紫，人无能名者。雨花石之色，是否由外来参加，或其本体自化，亦莫可研诘。

纹

石之有纹，莫奇于雨花，盖各具一完全具体之纹，而非破碎也。

有平纹，只有界限之形者是也。有深刻纹，如刀工镌刻之图章是也。

纹之美者，曲折变更，参差错落，方圆相衬。或三棱六角，龟背锦文；或花瓣缤纷，星斗的历。

纹之劣者，刷丝缠线，如螺蚌壳。虽极细千万层，无足取。东坡所谓如人手指螺，亦下等纹也。

凸出之纹，突起于平地，如古泉币之文字，只一二字，其傍平地宽绰，此纹颇可贵。

有各色之纹，相间不同色。有一致之纹，通体皆一律。有杂错之纹，一石中百态千状。

纹之成形物者，亦须其色之相合而不相乖也。如雪花六出，白色则合，他色则乖；芭蕉叶大，绿色则合，他色则乖。

绘画雕刻，艺出于人工，人且爱之。今雨花石之绘画雕刻，乃出于天然，岂非世界之大怪乎。故玩雨花石之文藻，虽未酷肖人工，却较人工为有趣。况有时精异之石，非人工所能绘画雕刻者哉。

卷二 造像

石具颜色纹形,无定像也。由人之眼光认定之,而命以名。老子所谓无名万物之母,有名万物之始也。好石者之魔障,与石结缘,必先由造像始。其巧合者一经定名,千人莫有异词,其牵强者游移者,亦不得遽谓石劣,乃人之眼光未到,不能发明也。有时甲之命名俗劣,乙一见而改名,遂使石格高雅者,往往而是也。有一石纹色复杂,命名不一,而皆可者,不妨并存。有石格甚高,而纹色特异,无所成名者,是一时未有端倪,莫由触起,不必强为名。将来偶然会心,便成天然造像,故弄石者灵机活泼无穷之妙趣,存乎其人。世称雨花石曰活石,实则石不能活,人实活之也。石成于万古之先,非为后人造像而为之像也。而世界之事,由我观之,则由我名之矣。今将历年所得之石造像有定名者,分述如下:

赤壁东山

石圆而三隅,有脊如界,一偏绚烂五色,如孔雀尾之珠毛,蝴蝶之粉衣。一偏绿色蒙茸,杂红黄斑点,若万绿丛中花蕊纷布。对脊之一面,则莹然蛋白质,由浊而渐清,各极其端。浊一端有层纹,清一端有白线一缕作圆范。其中若冰雪之花,晶莹分别有致,倒其脊而横观之,则绿色质之一角,峥然若峰临江上，由清一端射入光线，则晶莹有素魄含光，宛然月出东山，而一偏之绚烂质，适隔岸为赤壁也。此月或有时没灭不可见，杳然全无，旋又现出如初，无定时，但常见其有，不常见其无耳。半亩园者，同好而妒，最强项，不信余石之怪，以为余之故神其石也。因予约，月无时，急召会，以证其实，又虑余之作法炮制也，用墨写两小字为记，以夹月之两傍。无何，月果又无，方将召会，月忽又见。是日为民国九年阴历二月二十一日，终日大风霾也。二十二日，余以昨日之异告半亩园，渠尤以为妄，余因昼夜伺石，至二十四日下午三钟，月又无踪矣，急召会，于是半亩园偕杨鹏远至，坐中又有曹子润及余弟六冲。反复观石，月不可见，映日既毕，又燃灯窥之，均不可见矣。相共嗟而诧异之，咄咄怪事，半亩园默然无语而罢。又四日，月又宛然复在。近几年余不时一窥石，月光常皎然，常见其有不见其无。但月之边际渐有芒锋，不甚圆整。当时趣味颇浓，有诗记之，末句云：

世界正愁人太满，我先钻入石中游。

又此石绮丽，一名后庭花。

东山月之出没无常，其理可研求者尚有一义。余向例不用井水磨墨，以其碱咸也。浸石亦用雨水，村南二里外有土井，颇清洌。上元前一日，余以鸡初号时，披衣独往井上，汲而饮之，东方大星睒睒若相觑，因以玻璃瓶盛井水浸此石子，其后月余，月光不复见，疑为五更井华水之清凉所沁，故受刺激而缩其光也。然何以月余之久乃有变化耶？余常谓石子不宜久浸水中，恐其伤石也。以故虽雨水亦不常浸，浸石而月无动静也久矣，姑记之以待研考。

靛蓝山雨

石之妙处在蛋白质居其高巅一部，如烟雨溟蒙。能令观者置身清凉境界，尘烦顿消也。此石长不逾寸，形如枕，两端微翘，其下底为黄色甚粗，三四大空窍，绿锈填其中。余试以锥刀剔其锈，则空窍玲珑若大石，稍上有朱砂红紫色，晕作一围圈，弥遍全石，由此朱砂圈上又晕作白黄绿三色杂纹，作一大围圈，弥遍全石。由杂纹再上，始为靛蓝山景。山之上为蛋白，如烟雨，烟雨之内，有树高下，随山如幢，盖统计此石作四大层，由下而上，愈高愈妙，盖亦轻清上升重浊下降之义，居然一小天地也。山景作两方面观之，状态各殊。其一面有岭，曲折作斜坡，岭岩皆浓蓝色，间有杏黄点缀之，蛋白细纹为云水状。岭下有屋，屋斜向东南（用地图例）作淡蓝色。屋前如小圃，杂花生树，掩映窗牖，白石铺地，流泉迴湍。屋东仿佛芭蕉，斜披屋角。屋西则豆棚瓜架，垂丹缀黄，斜如柴门，傍有悬瀑，飞来小峰，此岭前面之景也。由飞瀑迤上岭坡，由下而上，皆荟蔚苍翠，竹树茂密，其最能移我情乐我魂者，向此岭后窥看，深远幽邃，为清凉烟雨杳霭溟溟之境，成一真景，皆蛋白之所致也。其一面则右为悬岩，左为峻峰，峰下有亭，亭柱黄色，其下杂卉缤纷，亦如前一面。其上之蛋白，则又较前面为空旷，浸水窥之，烟霭清远，其下为堆蓝山色，与凝白相衬，使我握游之兴，不复涎想庐山面目矣。又右岩高悬，隙空中深奥处，偶与日光线相触时，有光闪烁，如星如灯。

出水芙蓉

握游派尝以石之细润光泽为上品，粗糙为下乘也。不意愈出愈奇，竟有后来居上者。乃是粗糙石质，反有竞奇斗巧之光色，不亦异乎。张子轮远一次囊石来交易，有一枚，面积大可盈握，上圆下平，似馒头而扁，为两面极粗糙凹凸不平，因笑指此石曰搓脚石也，既换他石，复以此媵，余奇其貌之极丑如钟离春宿瘤女也，曰是必有异，取水涤之，质愈糙，色愈暗。细谛之，则愈糙乃愈细腻，愈暗乃愈光艳也。异哉此国色也。辱在媵馀，不可不为湔祓也。贮之以玻璃之屋，坐之以紫檀之床，苎萝村采薪女宛然姑苏台上矣。同人来观皆夥颐之，于是握游派脑筋思想，又辟新径。盖此石之质，以嫩腻为光泽者也。缎绫之光在平滑，不若绒罽之光在茸毛。蝉之漆背曷若蝶之粉衣乎。此石全部凸起，绿叶的历如蘋，叶之四周，有黑色边界，若景泰蓝瓷器花，有金银丝围绕之也。但凹地约深至秫粒之半，不似景泰蓝瓷之一律平光耳。凹地作浅黄色，如嫩泥，如铺粉，是其特异处。石之正面，万绿丛中，淡红一点，如莲花初开于莲叶田田中者，令人会心不远。此淡红点，大如三秫粒，色之深浅，如画笔染成，一端极红，渐退而淡，渐退而白，真如莲花瓣上之色也。因锡以嘉名曰出水芙蓉，或称之为景泰蓝。

香山九老

神策门之石，计九十余枚，多上品，一白色者大径寸，形扁而上锐，如人状。首有纹如帽，下底平，亦有纹如裙，半亩爱而赠之，后复以交易，併一黄色者同归余，黄色者身首端正，不似白人之斜向，纹尤诡奇。此石两方面均停，因谓之孔子见老子，尝握之。复得一黄色者，细如织罽，凑成三贤矣。轮远见余集合人数，赠一黄色石，作偏向人形，周身有圆纹，凡六七，如昔日之江绸八圈花式，因曰商山四皓，亦呼四大金刚，妄念将来可集成十八阿罗汉也。一日见黄鹤生所蓄石有近乎人形者，一极白而绿花，如云南翠石，一黄白质而色复杂，交易得之，遂成六君子。再选旧石略似人形者，一白质而黑章，一淡黑而密布深黑点，一土黄而红紫纹，始成香山九老。高矮肥瘦不等，列而望之，亦各有致。时民国十二年六月也，仅有十八阿罗汉半部。

魏碑国字

余既有出水芙蓉，龛于玻璃盒中，崔黄鹤因赠余国字石，与之为一偶。石清澈近蛋白，一面有红黄圈纹如云，作三角状；一面有黄褐色之国字，大如食指端。最奇者此字笔棱四围极肖北碑，其转折处倾斜作态，宛然魏灵藏造像体，唯其中或字不真，颇类民字，为武昌革命军时所改订囻字也。此石全体白透，唯国字黄褐色，显然爽豁，其面积重量，与出水芙蓉适相类。

花鸟九秋

石计九枚，皆重旧衡二钱，形如蚕豆，各有秋景之植物。初秋者三石，一曰玉簪初开，石全体绿色，深浅不一，绿色上托一筒状白花，如玉簪之横于叶上也；二曰晓露牵牛，石白而晕以淡红，有淡红牵牛花两朵，其一朵从正面为圆形，边际绕以白线，中央之孔甚深也；三曰海棠凉雨，石绿色，敷以淡红花片，上面花片混乱，旁侧花片，映于鲜绿叶上，婀娜甚娇艳也。中秋者三石，一曰荻港西风，石蛋白杂糅，灰紫色，有丛生芦荻状也；二曰胭脂虫叶，石黄色，敷以紫色，另星碎乱，如胭脂之叶为虫所蚀也；三曰鸡冠斗红，石有绿黄甚鲜，又红一片尤为透润，浸于水则见其为蛋白相糅也。晚秋者三石，一曰东园萝菔，用东坡诗意，石灰色，有红萝菔二枚，白蔓菁一枚，其叶褐色，不能绿也；二曰霜枫黄鸟，石极白透，而又溟黯有气，如凝晨霜，有极鲜厚之丹色，杂黑斑，迤逦纷披，如树参差叶层叠也；叶底立一黄鸟，作米黄色，喙端略作朱红，尾长于颈，老树经霜，饱有秋气，又有黄鸟，洵佳境也；三曰松菊幽荒，石有黄色圆片凸起，似黄花数朵，其傍为树干，虬屈苍古，如老松也。

岁寒三友

一石正圆平扁，白质透中有青翠葱茏松树一柯。树下暗白，平铺如雪，雪下透明者如冰，命之名曰岁寒冰雪；一石椭扁，黄质而有绿色，簇簇如竹林，命之名曰黄冈众绿；一石圆扁而上稍锐，纯白质，而莹澈若透，有两绿枝，横斜曲折，枝上皆暗白点，簇聚缤纷，酷肖梅花盛开，又有紫色点，适如萼跗，每一把玩，辄诵林和靖诗，神往西湖孤山也，命之名曰寒香疏影。

星球图章

石大如葡萄珠，而通体蛋白质，晶莹冷澈，故又名露珠。周身有纹深刻，非人所能。一面有大圈作凹纹，圆而有微曲，似六棱而不锋芒，极有意致，圈内中央作一凸纹小圈，小于菟丝子之半，极精圆，小圈周围，凹刻铲平，颇宽敞，以昭显小圈之高出，而光芒四射也。其馀纹如联星如合璧，不可殚述。以印泥印之，各面皆成文章，可得十换形也。余署号亦尝作星球，义取天王星海王星，因既以斯石为象形古文之章焉。

虫文朱印

余既获有露珠，号为星球图章，旋与崔黄鹤交易得一枚，体状与之恰同，正红色，一面略平，有凸纹，作长曲一圈，若蛇。又两椭圆若蛙，又一双行有密节若蜈蚣，故曰虫文，一露珠为一偶，皆可以印泥印真，又一红一白相并，以白丝笼之，如两樱桃也。

黄石公

石小于星球图章，而椭圆如大豆形，正黄色中嵌白圆光数个，夹一凹痕之蛋白质，清澈奥妙，底沉白渣，以侧面光线射之，现一老人面像，丰满光泽，目矍铄，颧红而发白，面稍偏向，有痕无迹，如照像，活泼如生，然持之太阳强光之下，则寂空都无一物，挂壁上观，又如初，因号黄石公。轮远求交易未成，而后竟失所在。轮远得一石，大如鸡卵，深刻文，遍体黄色，一端有绿，成一公字形，亦号黄石公。然未忘前黄石公之妙也，尝慨念之。

举杯邀月

石质透白，一人形作醉倚状，头有折角巾，手擎酒杯向上，宛然李太白诗意。

莲溪翠鸟

石质清如白水，适有一抹微红，横于绿色之上，呈莲花出叶状，叶底有蓝色小鸟，红喙宛然，以上二石皆小石，与群小石贮一囊，皆精品。李景林攻第一军于王庆坨，大掠夺，余之衣物殆尽，而囊石似珠玉，故在被掠中，迄今思之怅然。更有一石特色者，是青莲紫拖珊红花，是无双品，又正圆而扁，今不忍细说矣。

莫愁湖

顽石斋之雨花石，以此为最大幅员，质黄而形扁圆稍椭，一端略锐，大如人一掌，正面现纯淡青色，而斑点层晕，红黑相间，如败荷之点水，而湖滨之界线，则恰周乎全石面积，曲折天然。

松江鲈泳

石椭圆而扁，白润如玉，有细纹，荡漾如水，一鲈鱼从左向右来，黄而黑花斑，腹则嫩白，喙翘而上，口之所触，水纹适由此而分两开，横石立观之，与漆园叟濠梁之乐，同一感兴，并不是冯煖之弹铗、张翰之思莼也。

钱塘潮

石椭圆而平其底，上面突然分两界，凹处清渊恬静，凸处则苍黑，而涌起白痕，如潮头之怒激，四射溅雪花，如闻雷击霆砰，天地为动，钱塘八月潮也。宋之问诗，楼观沧海日，门对浙江潮，此境此景，亦复几生修到。余居灅水之阴，黄沙障天，风霾日作，蠢然蒙古包人，念广陵涛名胜，羡涎直垂千尺，未卜蜉蝣余生，得一放眼否耶。

趵突泉

石椭圆，一端稍锐而平扁，白色微黄，质纯无杂，匝四周为大纹，中央平洁如玻璃，突然起一凸，如平地突泉者然。石为半亩园得自王叟者，余为之名曰趵突泉，以余留意于泉也。转以相遗曰，此君之所眷注也。噫！余思济南趵突泉有年矣，不得一为饜饮，而握此石子，遂解万斛渴尘哉。余乡掘井而饮，水咸如盐，肠胃积垢必厚，前年踞西山玉泉牛饮一次，去岁得崔黄鹤携黄鹤楼下江水一瓶来，何日能如王仁裕之浣肠梦，至趵突泉傍，饱尝清济味乎。

辛未八月，余游曲阜泰山，还过济南，始至趵突泉，得偿夙愿，尽量酌饮之。是泉之天然涌起处，《水经注》所谓泉源上奋，水涌若轮。《春秋》桓公十八年，公会齐侯于泺是也。此泉稍东，近人凿泉底置筒，激而上喷，高可三尺，望之若玉柱雕龙，其声轰轰，震荡喧聒，音容虽壮，殊失幽雅。此泉左右，列置市场，管弦嘈杂，与泉声相乱。

飞云岩

石之具形似飞云岩也，岩在贵州镇远府黄平县。道光间满人麟庆作《鸿雪因缘图记》，所绘飞云岩，形状甚诡异，记曰：岩倚山半，势若垂天之云，岩左有泉，泻瓶直下，不云而雨，岩下潭澄壁立，垂藤挂藓。前有古柏，苍翠蒙翳，陟石而登，有洞大于十数间屋。石形诡谲，云影缤纷。是石是云，不可思议。玉乳凝作佛像，左有鹦鹉石，延颈伸喙，右为石瓶，又折而右，下为石蟒，矫首以升云云。按此石景，当有人工饰造不少，求合于世俗观音大士像者。庚申秋初，罗叟清廉赠余雨花石，有一枚颇肖此岩石也。晶莹冰澈，似泉喷激，不云而雨，四周涌起如云，左下有一鸟形，右一兽形似猫虎。

猕猴

石黄润似玛瑙，形如猴之蹲，侧视之，见左目，面稍白，伛偻而缩颈。

黄叶村

石形方扁，于马蔺花紫色中现黄绿斑点，大小错落，想见风霜摇落，如东坡"家在江南黄叶村"诗景也。罗罗汉妹倩黄叔华，于戊午秋由金陵还携来者，叔华业西医，乃兄亦好石，闻罗道其一次以五十金买一石，内透红甲虫。

华表柱

石长圆，白而有红晕，极透露，纹若云龙，镌工佳妙之华表柱也。

长城影

石扁平，面黑黄相半，黑色蜿蜒曲折，如长城之照像片。逶迤中有方形凸高者，似烽火台。又一石椭长，白而略灰，细纹多层有曲折，尤肖长城。

古刀币文

余既得篆文象形图章，此后每遇石子，必相度纹理近乎字形否耶？前与轮远交易得一枚，大逾拇指，一面平地，四周高而中央凸起篆文一行，连接直续，旁无参扰，一端破缺，类似齐刀齐建邦类，存其首端而残其下半者，蘸以印泥而低昂印之，能成完全印文。

火山崩裂

前有石粗质而白，形作破坏不伦，名曰邦稗古城。此石大小相类，红文焱然，如火迸发，正由地心喷出时也。质粗糙，因其形与邦稗古城同，境之险怪亦相类也，故存之。

雪月林皋

横幅景，由一角突来老树杈桠，作黄绿色，满笼白雪极肥厚,一望而知为平地尺余时也。但不露平地,只见大雪满笼树上耳。树旁凉月团栾,与雪同白,寒气凛黯,此幅之妙,在雪树偏处一角,而远空寒旷,作黄昏之暮色,愈远愈苍茫,是画法疏密相映带,又简净无尘,余已径作云林画稿看矣。

满城风雨

余尝戏续"满城风雨近重阳",作绝句数十首。老友赵雨汀画米家山,累幅皆题满城风雨。自握游派相石,亦每存此想,殊少逼肖者。前与黄鹤生交易得一石,幅员与雪月林皋相埒,全体皆似红叶,散布弥漫,有一部黑绿丛积,树色苍茫,而白云洋溢似水者,更加乎其上,诚有秋风秋雨无限凄凉之概。虽无城郭,颇肖潘诗。

石梁悬瀑

石椭圆而扁,中央有蛋白一道,界限甚明。横观之,如大瀑布垂而直下,两傍有杂质,仿佛树木。麟庆《鸿雪因缘》之图题曰石梁悬瀑者,状态惊人。余于光绪戊戌客浙东宁海县,距天台不远,屡欲一往游,因循不果。一为偶患土匪,一为僮役言语不通,遂致裹足。迄今思之,恨少时之无壮气也。近日书肆影印中国名胜,《天台山》下册,石梁大瀑布,较《鸿雪因缘》又为真像,石梁上坐者为南国名士蒋维乔。每一披阅,辄生涎羡,而感慨畴昔。

北固江天

北固山在镇江丹徒县城之北，下临大江，与金、焦二山对峙。登北固者揽江天空远之胜，可豁胸襟矣。鹤一在金陵携来之石，有一枚棱隅不整，惟纹色相复，有江山云水之胜，悬崖峻拔，下临空旷，白云缥缈，寥廓江天。

山阴积雪

石形薄扁，立幅为景者也。通体绿色纷披，远近相间，若竹若树，皆有白云相衬，绿白相参无他色。此种雪景，为夏日山阴之景，非冬寒之景。曩见黄炎培游黄山照影，莲花天都峰山后雪景，松竹相参差，令人心向往之。

红眼鹧鸪

石形椭扁，色淡黄，映日近看则透亮，黄而杂红，一端有眼极透澈，两面贯通，眼眶皆精蛋白质，凸起眼睛，眼睛凡四五层，始达中心瞳子点。第一层作红圈，第二层作蛋白圈，第三黄圈，第四黄黑混合作黑点，其神甚清湛也，余既以鹧鸪名此石，映日观玩，牵就鸟形，但无翅足耳。日置怀袖中，夜卧置枕畔，诵郑鹧鸪诗"雨昏青草湖边过，花落黄陵庙里啼"句，悠悠有江南之思。适天津存社征文揭晓，三十余人，独余一人蒙严范孙先生加赠郑集八册。名物相辏，可谓奇巧。郑名珍，贵州人，道咸间徵士，所著《巢经巢诗文》，梁启超取列书目。严公督学贵州，网罗文献，此集为木版旧式书。余作一诗谢严公云：

鹧鸪背负秣陵霜，昨日翻飞入草堂。
适有新诗来郑谷，恭承嘉惠感严光。
牂牁江上春风暖，瓜步洲前夜雨凉。
如此三生足灵秀，顿忘身世是穷荒。

诗载《泰晤士报》，和者为吴人张影香、越人蔡听松、津人张异孙、湘人孟仲廉也。

乌贼鱼骨

俗云海螵蛸，此种鱼骨之纹，如螳螂子桑螵蛸也。黄鹤生有石类之，作半规形，通体白透，有纹层层，然作暗白色，纹作圆圈，疏松相联，极透露，大致似乌贼鱼骨耳。以交易归余，旋又归轮远。

杏花村雨

石有纷错淡红，与白色相缀，疏密相倚伏，如杏花村也。一面则杏花之中杂以青绿如茂树，茂树之中布以正红之点，凡两层相映带，即“雨中春树万人家”之诗景也。下端一片白溪萦绕之，弥觉澄鲜，超出尘外。

荒海冰山

此石亦透体，白稍灰，有暗白色纹，嵯峨奇险，与寻常石纹不同，有如大海洋中突出冰山者，英国沙桑布敦起程之铁达尼邮船，遇险大西洋中，触冰山而沉没。今睹此状，令人惊骇，暑汗顿消。

海天遥望

石作浅碧色，一端杂红黄，细沙层层相间，如海滩前有城郭墟落者然，以渐远推，则淡青如蔚蓝天，与海水相连。

清溪烟树

石正圆而略扁，质疏松，作淡青色如清溪也。有树亭亭如幢盖，树下短卉丛葩，纵横相映带，翻过一面，作远景，绿树之上有白云，缥缈间黑影小亭也。

红绳系狗

石黄色，质嫩而腻，形略扁平，面有纹，如狗蹲坐，青灰色，耳白，喙淡红，向右方，右方有一红线，横空而来，恰抵狗颈。

白鹦鹉

石青白色，平面有白纹，杂黄红乱丝，傍一鹦鹉，通身白色，头向右方，喙亦白色，眼有层，翅有黄红画界，尾垂亦白色。石之边际有纹略作方形，如鹦鹉之架。石友交易喧阗时，独半亩园守闭关主义。一日余故嬲之，携石往谓之曰，今日定成交易，因掷一石曰，先相此石可否？再自择一劣石与我，不亦可乎。半亩园乃由乱石中掇一枚相投。余大笑曰，破尔关门义例。因细玩石，竟是白鹦鹉，指以示半亩园曰，宜哉守闭关也，然不如此，白鹦鹉埋没不见于世矣。东坡在杭州，有营妓求脱籍诗："开笼若放雪衣女，长念波罗般若经。"此石脱籍妓也。

乳鸭

石极粗，有纹如鸭，头部甚大。

老龟

石圆扁，色苍绿，匝边有纹，似鳖之裙，枯老拙笨，的是涂中曳尾时也。

新嫁娘

轮远伯兄子瞻，在金陵教学，代轮远觅石甚多。一次三石价颇昂，中有此石，颜色美丽，计有十三色，深浅浓淡，纹理纤秾，莫可名状。余名之曰新嫁娘。余在石界号好色，因交易得之。割去黄冈竹楼一石，此石一名汉宫春晓，一名霓裳羽衣。

青琐丹墀

红色鲜如朱砂，作大片纹，有略淡之红，有近黄之红，有白与蓝青相间处。

水木明瑟

形扁作薄片，色靛青，而质地青白，如照像新法以蓝色制版者。前后所得石子，靛青鲜洁者以此石为第一，风景亦极清幽。树外清溪，隔岸丛绿，又似竹光团野色也。

朝暾

鹤一自金陵回，群石随之，适黄鹤生亦自武昌回，先见此石而攫之，示余曰此洞庭春色也。余夙慕东坡，闻其名不觉心醉，如饮洞庭春色酒也。乃陈各种妙石求与交易，得之，喜极愈加醉状，明日黄鹤生问余曰尚醉乎？余曰尚醉矣。黄鹤生乃更夺他石以侮余之醉，余之醉迄未醒也。一日斜对日光，窥石之蛋白中，远近山谷，树色溟蒙，有一火色红光，突然发现于村树迷漫间，不觉置身于山村侵晓沆瀣中也。纪以诗曰：

早乌啼破晓烟痕，山下依稀见野村。

万绿丛中红一点，柳条摇曳挂朝暾。

因以朝暾名石，后余倒其石映日窥之，则蛋白质中烘然若早霞。侧其石以取日光，使集于一处，则焦点耀目，一如日光也，故又名日曜。

绿虾蟆

鹤一在金陵，轮远以五金托买石，鹤一橐石北上，庚申除夕，会于顽石斋，灯窗列群石，浸水一一观之。余见此石之绿，名曰虾蟆，轮远因以为赠，一时缟纻欢如也。此石一端略锐，一端略阔，如蛙之臀，通体绿色，又满绿花，蛙之疥点不如也。按雨花石以绿为上，绿石而满绿花尤为罕见。《水经注》所云莲芡覆水也。故又名菱塘蘋藻，以宠异之。后轮远出席交易会，有思故剑语，余曰，剑挂徐君之墓，季札岂可回顾耶。

雪花六出

丁巳戊午间，石友尝聚赵雨汀君茶叶肆，有古董客任高眼者，因亦搜罗石子来会，皆大一二寸许，且多庸碌品。余买一枚，椭扁，一端稍锐，质色如栗皮，而遍体蛋白纹，皆六角结晶，大小数十片。

松阴冽泉

鹤一由金陵客浮梁，寄石十三枚。此石几二寸，如岭状，可蹲于案，绿色纷布极浓密，如苔如藻。一面则苍松交荫之间，适有蛋白清澈，深不可测，如寒泉之出涌渟蓄也。

达摩面壁

浮梁十三石，以此为第一也。初不能知，忽一旦悟而出之，如悟道也。石黄润，僧衣为红线，最奇者为头部，凸出平面之上，有痕迹可扪。而面部平滑，无砢磥处，原以凸纹为石疵矣。拟之以僧首，则面壁而衣衲宛然，若谓左行而迴顾，则眉竖准隆，岸然道气，两袖飘飘，可名松下归僧。因上部有紫黑纹，松散团簇，望之如松也。此僧平视极真，照视尤逼真。余求古造像小佛，二十年不遇，不图雨花石中已早有佛，而余之皈依恨晚也。年来迭获南北朝金像七躯，佛缘大盛，是石中达摩为先进之导引欤。将来余大会诸佛作供养，当以兹石为佛祖。

紫藤花

胡镜涵在瓜步江畔为余觅石，雨中至灵弥山，终日无一得，乃向土人买得二石来，其一可称紫藤花也，质微粗，而紫色晕小圈，若花之密簇。

茱萸斗酒

石界游戏，伎俩亦多。鹤一自浮梁寄石于黄鹤，黄鹤固秘之，而伪谓石由堂二里来，以炫石友，凡二十余枚，此为其一。形椭圆而扁，周遭黄白，中有绿质一处，甚厚，绿中有红斑，作古之大斗状，有柄，带断痕，似从他处来粘贴于此者。斗之下及旁，有紫色小点无数，余谓之茱萸。甲子重九，握此石与李介山、杨朋远作会于桑乾河曲，携果饵，啖于僧王台，故不饮酒以矫俗例。而以握石之兴味，饶于酌以大斗也。吾乡王庆坨，适在桑乾河堤曲，乾隆间之南堤也。咸丰初，太平军驻独流，僧格林沁驻此，以防其北犯之锋，筑台堤上以望敌，故俗称望贼台。余自弱冠至衰年，饮酒台上，与友人作重九者，不可胜记也。台下稍西北，尚有芦荻一丛，使人悲感故垒西风之萧瑟矣。

五百罗汉

浮梁寄黄鹤之一也，亦以交易归余。石椭圆稍扁为两面，黄质而纹色纷复，皆淡旧，不作艳丽。而纹有多数圆圈，仿佛想象可作满山罗汉观也。昔雨汀有核桃一枚，刻十八罗汉，立幅景也，此石亦立景。

西湖十景

一名大观园，景物繁富，甲于群石，石友翕然称赏，莫有异词者。重量约一两，黄色为质，众色与蛋白纷错成纹，随地异形，风景别致，有平湖、洲渚、园林、竹树、怪石、亭桥、井栏、泉眼，笔不能述。一面白云朱霞，缤纷缥缈，山岭青翠，洞壑幽深，花蕊细点，淡红腻致，疑似桃源。有一悬崖，窥之深邃，悬一圆珠，紫色浓艳，四无依倚，含于隙空。其傍有形，类马缨花紫，尤娇冶。异色奇纹，遍石都是。是诚石界之大观，石景之怪境矣。先是王叟纬唐者，金陵宦归，因友嘱觅之，遂入行囊，旋里后分赠亲邻，本无轩轾也。余既从之乞得赤壁东山一石，于无意中遂为上乘，念其分馈他人者，必有明珠投暗，湮没无闻。果尔搜到此石于漫不知石之家，与靛蓝山雨之掇自水仙盆，同一遇合也。吁，由是而知美秀之埋没者，不知凡几矣。

池边树

贾岛诗“鸟宿池边树”，此幽境也，非诗魔不能得之。树在池边，既已清旷，鸟宿其树，遂觉夜月清奇，非寻常鸟与树之境界可比也。石白净，周围隆起若壕，中为大池，池水清澈。一边青翠孤高，倚一老树，疑有鸟宿其中者，因名之曰池边树，甚忆贾诗。

洛阳花园

石横幅景也，通体透澈，皆精明之蛋白质，而又有极细之纹，萦迴于五色绚烂之旁，洵上乘也。红之鲜处有等于昌化鸡血者，丹紫与黄绿相映带间，有红花两朵，伸出于丛色之外，嫣然牡丹也。因名曰洛阳花园。牡丹两朵之间，有粉白精细之蛋白一部，与透白不同质，乃暗白也。其上有极精细之纹，非寻常日力所能见，须显微镜窥之，始知其妙。其一端质色复厚，映日窥之，红绿交错，花叶相叠，至高巅处有红花特显，垂弹于彼一方。彼一方清白蛋白深广中有红花蓓蕾似石榴。一端淡绿，傍为紫为丹，又似秋色，所谓内透者是也。轮远江南勾当公事，号称觅石，得石四十余枚，归来评阅之，以春景秋景为最，此其春景也。余有一石，状若龟背，粘石侧，附四小石为足，赑屃用力，轮远以此石易去，复媵以锦袍。

红锦宫袍

石圆扁，一端有缺陷，而通体红色甚深。映日照之，则透而淡，盖红砂之细微者，含于蛋白中，如人之血液为扁轮在汁浆也。一端有厚重绿色，其平面红色中有多数蓝花，每一簇蓝花皆有白色纹圈晕之，以故愈鲜美，故名红锦宫袍。又名红状元，与新嫁娘为一偶。

绿荷叶

神策门巴斗山之一也。石正绿色甚鲜，深淡不一，有缝隙藏蛋白，曲折悬空。余每作褒斜谷、剑门、左担道看。

落花

石质腻而黄，有淡红花瓣一丛，深红为边线，甚清楚，不能定为何花，然艳丽无比，既无枝叶，只可谓之落花。岑参诗云“可惜落花君莫扫”，谓落花可爱不可扫也。其一面黄色，又有淡红淡绿团簇处，如黄锦绣衣，石之尖锐处，适有领窝。

潇湘竹雨

平扁而圆，一面微凸，淡黄细纹，绿如竹叶者散漫其上，有雨溅水纹之意。其一面极粗丑，曹篔孙以为似猫狗足蹠，嫌而出之交易场。

麒麟

外形也，如兽昂头，通身白圆球纹，古董客任高眼者携来者。

凤凰

亦外形，大纹条畅，青绿相间，如翅长伸，神策门之一。

黄熊

熊音爱平声。《左传》，昔尧殛鲧于羽山，其神化为黄熊。陆德明曰三足鳖也。

黄鹤

石扁，一面似鹤，伛背缩颈。一面深纹似胫。李景林之役，黄鹤一去不复返矣。

太湖秋碧

神策门石，以此为大，重逾三两，椭圆略扁，极周正，全体青绿,有黄色如陆地之洲港岛屿,其余地则青碧汪洋,千顷湖也。

汉宫黄叶

“蝉鸣黄叶汉宫秋”之诗意也。通体绿质,中央多黄,一角朱红,有楼阁气象,不似黄叶村景也。此石买之市摊,是谁家另散抛掷出者?

木鱼佛光

状如念佛者所敲木鱼,柄处现一佛像,佛顶有气上冲,由狭渐广,其内又似小佛。一如古佛顶上光中又有佛也,亦石中奇缘。半亩园所弃,一面平底,其气作大纹圈,圈中深透,窥见绿藻朱鱼,模糊在冰下。惜此石作黄冰糖质,不甚显。朱鱼绿藻之妙,然全体黄而有红,则甚切印度佛国风景。

天马西来

椭圆而扁,立景也。有马昂首翘尾,驰于斜坡之处,故不见其足,但见目光炯然,态甚雄骏,非凡马也。其一面作数层段,黄红细纹,为长城边塞形,有“雁门紫塞,鸡田赤城”意,与天马可联一气。

杨柳渡头

此石与下二石,方面皆等于靛蓝山雨,计四景,皆绿或蓝,为上色也。色极繁富,有空白处如水港。

曲院荷风

西湖十景之一。此石青绿,曲折之处有圈点,如荷叶田田白水间。

山阴积雪

前已有此名,此石尤肖,不得另立名号,惟此石之绿色与前不同,是黄绿甚鲜,遍于全石,一面有粗蛋白凝于凹洼间,令人遐想夏日山阴。

兰亭序

此地有崇山峻岭,茂林修竹,又有清流激湍映带左右,兰亭之全景也。此石兼有之,故以为名。一面中间清白如水,左为茂林,右为修竹。一面崇山峻岭,大瀑布。黄叶村外,有黄色白色淡红色,细砂悬于蛋白中,缤纷错落如花朵,皆含笑未开之花也。故又可状之曰梅,而与松竹为岁寒三友。

日观霜峰

辛未九月初一日,余登日观峰看初日,为生平乐事,更于石景得之也。先是篔孙托人买石,不称意而置之,曹某者得其一,谓之黄云捧日,半亩曾一借观,其后篔孙复得之,与余交易。余前年编列秋景,有钱塘江潮诸胜,因名之以日观霜峰。

云岗佛窟

石如蚕豆大，有纹作长方而上锐，纹内有凹洼，嵌石渣，如佛之在石窟。

寒山拾得

石立景者，黑白中有若寺门，斜于山石间迤旁。一僧黄面，一僧白面。

绿虾蟆

东莞张次溪，通函订交，极诚恳，既赠余砚，又屡欲印各稿，余惭谢不肯也。己卯夏，客金陵，向之索石，寄五十枚来，一如虾蟆者，侧视有眼，因索余诗，诗末云：

清清了了傍观者，莫向汙邪险处爬。

汙邪读若洼斜，《史记·淳于髡传》，汙邪满车，按汙邪二字、满车二字当各为句。斜车之韵，俱为麻字声也。

趵突泉

次溪所寄石，藕白色，温腻无比，形又圆扁周正，微有凸纹。无以名之，因复。

卷三　玩赏、交易、杂记

玩赏

物之高下，皆有定衡，惟雨花石品格不齐，千状万态，甲之所爱适为乙之所憎，彼以为鹿也，此则以为马；文王见饴，谓可以养老，盗跖见饴，谓可以粘牝，此则存乎其人也。

石出天然，趣味隽永而邃，非庸浅人所能领略者。石入人手，遂受折磨，煮鹤烧琴，妄为穿凿者有之；妇孺抛掷，归于箕帚郁楱者有之；手掌转丸，油光垢污者有之；卤咸汤水，年月久浸者有之；此无识之虐戕也。是故雨花石子一经见赏于人，即其惨遭患害之日。楚老吊龚生曰，“薰以香自烧，膏以明自消”。苏东坡曰，木有瘿，犀有纹，石有晕，物之病也。骷髅南面，涂龟曳尾，不为人知，乃全其天，不信然乎。弄石既久，经过亦多，石界内家，尚见害石，况其他人。然则玩赏之道，勿求有益于石，但求无害于石，斯亦足矣。

雨花石浸水观之，光艳百倍于干时，故玩观者多浸水。惟水有清浊，卤咸井水及煮过水皆不宜，浸石宜用雨水，须予用清洁之器，承于天空，储瓮以待用。其次乳泉，其次川流，其次溪谷，其次井泉。最恶则热汤。浸水看石，不过一时，毕则捞出擦干可也。故虽雨水亦不得逾一昼夜，若经旬累月，石则消毁。太古高山，浸水消磨，渐成沙土，以为陆地，况硁硁小石。

好石者尝以两石相傍者转磨于手中，此大恶道，久则石肤剥蚀，急磨之则石生硫磺气，石之精华走泄矣。握游者当握一石。

武林王丹麓，谓砚匣忌五金，金能害石。雨花石火成，不同砚，然亦当避铜臭金属类。东坡遗佛印石子，用古铜盘，盖不是吾辈好石之琐细也。

酒食腥膻，污秽俗鄙之地，不宜看石；烟火熏蒸，或烈日之下，冰雪之际，皆不宜看石。

俗鄙之人，不宜出石与之看，非内家不与之看。

陶渊明诗，“奇文共欣赏，疑义相与析”，今之石友玩赏雨花石亦如是。雨花石之文，天下之奇文也。石之成因、成于何地、成于何时，皆杳然荒远，无可稽考，亦天下之大疑也。博物理学，探讨不尽，诚可谓耐人寻味者矣。

钟鼎彝器之古，不过唐虞三代，此石之古，或与地球同年，其古不可思议，好古者以石为第一。

石虽无定衡，而精粗优劣之大界，内家亦有公评。石友尝欲品石高下，列为等次。余所拟与轮远略同而亦微异，其三等九级如下：

	上	中	下
上等	灵品	奇品	隽品
中等	幽品	精品	纯品
下等	别品	常品	庸品

以上所列三等九级，自尾逆数至于巅顶，优劣层次自见矣。

庸者庸庸碌碌也。常亦庸也，一长可取者附之。别异也，虽非正轨，不寻常矣。纯则无所疵瑕，可喜悦者也。精则又有独到之处，不止于纯而已，精纯矣。有时未能免俗也，故再进而为幽雅。风景虽幽，未必达于秀丽也，故再进而隽秀隽丽焉。隽秀隽丽至乎其极，则奇玮惊人，故再进而为奇品。奇尤可以形求，而理论，未至于不可端倪也。至于灵，则诙诡狡狯变化不可测之神物也，故为最上之巅顶。

交易

人之爱憎不一，而雨花石子尤无定衡也。以其所不爱，易其所爱，亦各得其所之一也。米芾画史云，“通书画博易，自是雅致，今人收一物，与性命俱，大可笑，人生适目之事，看久即厌，时易新玩，两适其欲，乃是达者”。石友援其例，因立一会，曰交易所。弄石之中，于是增一活泼，虽近市侩，啧有烦言，而趣味横生，天真烂漫也。

交易所开会时，同人于橐于囊，环几而坐，好似赌局，其计较毫厘，磋商价格，好似牛马市之牙侩，甚至交易既成，明日反讦，致起争端，亦多日重提，结成佳果，揣情度理，巧者动之以机，或直道秉真，则拙者得之以实，其间是非曲直，颇因之而见人，厚薄浅深，亦因之而悟道。

交易会有一公例，求者自酌轻重，或妄想高攀，被拒绝时绝无愠色，类如求婚，允协固然合欢，不谐亦无伤和气也。

甲石与乙石，势均力敌则相抵。或不称，则劣弱者以多数为賸。

石同人未立交易会时，或有投赠，未必遽合于彼情，而报者又或不称于施者，于是交易之道以成，而泯种种之不当，破除嫌吝，计图长久，莫尚于兹，虽儿戏忿事，终非芥蒂。

杂记

光绪丁酉，余初见雨花石于天津罗罗汉家。其石半清半浊，以为怪也。至乙卯丙辰，罗汉得石，分馈七枚，是为蓄雨花石之滥觞。

轮远有雨花石数枚，为肄业金陵时作纪念者，其时石癖未成，已知赏石。

王叟不知石，将往金陵时，半亩嘱托之，及归，半亩首先得石三十六枚，夸耀开会，骄稚余之七枚，自谓于石界执牛耳。其后余亦索石于王叟，得东山月张刊本作赤壁东山、大观园，二石于石界声誉甚隆，半亩始怏怏不快，而无如何也。因亦再索于王叟，得零星碎小者数枚。

半亩三十六枚，皆黄白玉质，无颜色可称，有白者一枚，深刻纹颇佳，大如橄榄，余赞之曰此鬼斧神工也，因以为名，遂是其国宝。

轮远以心理学，探余好雨花石会心处，余直告之曰，画中有诗，是弄石大旨。

轮远以科学主义视石，而注重形质之纯整。余则不在边幅而在颜色，故余与轮远交易最多。

轮远赴金陵两次，觅石俱不洽意。其实所获亦颇高，但希望想象更太高耳。

石友初时，每邮中托亲友，买来多不满望，亦希望太高故耳。厥后希望愈无涯，遂不托人觅石。

余每因石子故，有游江南思想，久不得遂，悬之至今，尝谓有无数妙雨花石候我也。

癸亥甲子间，《泰晤士报》馆友人征杂稿，因以《雨花石说》充之，其时随笔任意，多矜张气，且亦零星饤饾，前事杂乱，无伦次。

旧于冬灯之兴，写一《癖石记》，颇说雨花，今于造像栏中采录之。

鹤一在金陵，得石最多，且妙，然皆为人作嫁。其为余乞来之小松树一石，固卓然为巨擘者，是其同学家藏旧物，余名之曰岁寒冰雪。无论何人，皆一见而呼小松树也。

鹤一替人买石既久，遂亦癖之，囊蓄颇多。经黄鹤作媒，售与半亩，黄鹤攫石之佳者入己囊，而鹤一、半亩皆不知也。他日，黄鹤以石来铦我，欲换小松树，然岂可得哉。

轮远云，雨花台畔有一业石者，是山东人刘姓，石之美者列一处，每一枚定价一金，不二价。其人甚戆，如卖药之韩康。余谓石果佳也，先定一金，倘求石者有鉴别眼光，其戆固亦易与。

金陵售石者，以碟碗浸水，列于秦淮河、夫子庙，专备游人过客，作纪念物耳。其特异者，怀之襟袖，以待癖好者。

山人童子，提竹篮掇石于雨花台者，不谙其优劣，但于碌碌中择稍异者耳。鬻之贩者或游客,价其廉,亦多寻常品。

传闻中,有一石,为旭日始旦,傍有雄鸡伸颈作长鸣状,秦淮浣妇所得,浣妇遇暴客之祸,所谓怀璧其罪也。又一石为孔子像,又一石黑龙黄鹤,皆以重价归外国人。

津人黄山客之兄,以五十金买一石,石中有红甲虫。王叟在金陵,遇一石,石中有仙鹤,议价不谐,遂交臂失之。

鹤一在金陵,来函说石,有活虫者,置水中则动。

《两般秋雨》载某士人宝一石,为杜诗"石出倒听枫叶下"句之景,舟过洞庭,失手落水,雇人捞取,先得其下句之石,"橹摇背指菊花开"也。再索又得前石,因合之。或谓石成于荒古,何以予知杜诗?诧为怪事。余曰,此亦雨花石,不足怪,传者失实耳。石中之景有枫叶、菊花、山石、舟人,往往而是,是亦人拟其景为似杜诗,非有其诗字也。若谓石中杜诗二句之字,则君子不可罔。

鹤一鬻石之后,悔不可追,每口述手图,向余嗟叹不置。以为余未见其石,可为缺憾也。余谓大江下流钟灵毓秀,石子之灵奇者,恒河沙数,湮没不知几千万年,吾辈所见几何,其使人缺憾不可见者正多,此区区者何以为哉。

闻南中鬻石者,因形定名,高其价。而命名多不雅,且未必肖也。然柯亭之竹,爨下之桐,亦恒杂乎中,又岂凡夫俗子所克识哉。

雨花石子同人喧沸之际,余于《泰晤士报》登一稿,征求石友,作四六体启文,应者有张影香,江苏武进人,以诸生旅津,才藻蕴藉,为王仁安、胡花农所器重,既于报纸通讯订交,旋会于津，其好石并不为癖，因见好石之文翰，而同声相应，同气相求耳。征求石友以来，仅影香一人见答，亦可见好石者少，而好石者又未必好文也。

影香以后，又有张重父者，由北京东城钱粮胡同来函，说好石有著述，后亦不寄。

篔孙以间接烦人购石于南中，石到，不满意，不收一枚。旋客北京，多方搜觅，所得者多是磨光钻孔。盖京师珠玉眼光，又近工匠，付之穿凿，全失天然，非谙石者也。

篔孙旅京数年，自云仅遇一人，蓄有多石，订期访戴，颇费溯洄，又尝嘱古董商客寻觅，竟亦不能多得。

罗汉云，金陵有《雨花菁华录》一书，宋洪迈撰，已烦人购取，久而不得，余未之能信也。张影公亦云，余终怀疑《雨花菁华录》，不似宋人书名。

轮远往金陵，临行时，余谓当一往六合县，六合在江北，仅隔一江，一苇可渡，即古所谓瓜步，其东有灵弥山，美石之所出也。轮远至南中，苦于无向导，不果往，商之贩石人，亦不果。

轮远所得石，可观者约五百余枚，石界中雨花之富，轮远为吾乡第一。其佳石，有绣被、有白云、有秋景、有跳舞人、有黄石公、有老鼠、有海螵蛸、有未央罘罳、有桃红柳绿、有深山大壑、有岭上孤松、有紫花黄花、有荸荠燕栗、有万绿丛、有火烧云、有杂花生树、有黄冈竹楼、有艳阳天，不可殚述也。

雨花石在黄鹤生手，倍加润泽，因其手掌滋液多也。然雨花石虽不甚畏人膏液，而掌汗鼻油，究是污秽，每沾染后，须以雨水洗涤。

余性褊浅，雨花石子每经人手一摸，必以雨水洗拭，然后收拾起。

戊寅夏，余从僮仆往田治菟丝，道过村南土井，上年上元鸡鸣浸东山月之井也。因以握中石浸之，果有异色，疑斯井之与斯石相发也。将来携雨花石子，来浸于井傍，必有所现。

村人有从南中归者，携有雨花石，盖先有所闻而适值其物，非知石者也。余向之作求观，久不得见，彼以为珍异，虑余将夺之也。

吾乡某旧家，明清间显者，藏有雨花石一枚，白质而绿纹，上品也。惜亦经过磋磨，殆亦北京工艺。

张百勋一日说渠家抛掷之中一石绿色，是戚家从上海买来，一盘费二金，余曰此雨花石也。盍以赠我，及将来，是一黄石，有黑点。张曰此非绿乎？盖人之眼光，诚有认黄为绿者矣。

曹叟子馨，书法矫然，一日余过其间，邀入座，案上大瓷盂，浸雨花石子百余枚，即雨花台下竹篮售品也。倘出于传闻，必想象而求观，寝馈念之。

鹤一在金陵，为余买一天然石子盂，石子与众沙粘合，天然中空，手探之，砢礌而泥腻，其口如铁，不方不圆，其外簇簇石子皆庸碌，就此已见雨花台一斑，非绚烂满目皆美石也。此种石子粘合者，他处亦多有，人称之曰万年凑。盖其凑合，当不知几万年，故名。此盂之内容，可盛五合米。鹤一先以函报，余望其可作砚旁器也。及至，果水盂状，横宽，陡视如鹊巢，余作长歌以纪之，和者张异荪、张影香、蔡听松也。

石界友人喧阗，由民六以后渐盛，至李景林之役，以后遂衰歇。黄鹤行医于津，轮远筮仕，半亩逃难，篔孙隐居，鹤一江湖流落。

轮远于旋里时，来庐说石，修旧好，兴味尚浓，其酷爱之石，已随入旅囊，因以其在家之余石数百枚陈几，使余自择以为赠。因取二石，报之以西山水晶，为缟纻欢。

己卯上元前二日，鹤一介弟欣儒，来理鹾务，谈石于雨中竹窗，展玩达摩面壁之奇，共欣赏之。因以显微镜映窥之，见其头部眉眼鼻口，宛然有道气，舌拆然在口中微红，而颡纹横折，睫毛直伸较平看又增许多状态也。以此知雨花石之妙，有探索不尽者，是在人之善悟。

瑞章令嗣，游学金陵，于方正学墓前，拾一石来，盖缅仰方先生之为人也。石大如掌而椭圆，横视之，有痕黄色，斜互为界，一偏略紫为陆，一偏纯白为水矣。瑞章云，尚有一石，不轻示人，石上有黑狮子。

徐君华轩云，民国十四年，行军至成都，有江绕其城之西北，盖所谓郫江也。江水有时暴至，则五色石子随之，因其潮退，拾一石焉，五色而有透明，其纹作毯状，大如两胡桃，有穿孔三，甚宝爱之。一日倦倚而眠，及醒，觉腰部受挤甚痛，则石为之也。至洛阳失其石，迄今追惜不已。余谓石界同人玩石，所经千万枚，未有天然穿孔者，况一石而三孔乎，异哉。又尝溯石之由来，空论川滇，未有实际，今又知郫江为石子来路之一，较宜昌又西上矣。

握游派同人，二十余年不扫兴者，惟轮远与余不时作会谈石耳。篔孙卧隐不出，遣其儿子来学，则以巾裹石相示，由函信谈石，如隔山川辽远也。

轮远每谓石到余手便生色，盖讥余之能造魔也，余曰然哉，楚山一块寻常石头，遇卞和而后千古不朽；越王勾践不饰西施，则采薪直到驼背龙钟，作苎萝村老丐妇。

余置石衣袖，夜则共衾枕，谓之小殉葬，昔人以其所爱殉葬，讫无所知，余每日晨复活，得见殉物，欢喜可胜道哉。

“大观园”在石界，颇有重名，其经过亦可资观感。先是王叟自南中还，半亩与余皆承惠赠，谓余等好事，谨择其尤者贻内家也。王叟对门曹公，办教育，欲得几石子作样子，示学生，且曰，但是雨花石便可，不必佳者。其佳者宜与癖石人矣。余闻之，犹未信明珠之不投暗也。亟使余弟六冲至曹公家探索之，则“大观园”及“鲈泳”两石在焉。

余既获“大观园”，复念王叟所搜处，犹当有异品，谓六冲须留意学校水仙盆中也，果拣得一枚，既靛蓝山雨也，一名庐山，石界人多不识。每炎夏，浸水中，神游而乐之，张鸿荫独知之。

邻叟某，有石，索观之，久而不应，年余矣。一日持十数枚来相饷，皆下品，盖求诊病也。因许我，当觅佳者助君兴。余知其幻，而亦未免幻想。

丁丑兵燹，人皆瘗埋其重要物，余之重要物惟石耳，亦瘗埋之，犊鼻帏聊复尔尔。

东莞张次溪，燕京考古社友也。通函数十番，未面而渐深，寅冬杪，将往金陵，余函云，无他言，须为我买雨花石几枚，且详其优劣以告之。次溪返京，来函云，秦淮河畔买石子两篮，以其重，存友人处，行当索取相赠，余颇失望，盖篮中售者皆庸品。次溪不求甚解，仓促中以塞责也。已告勿取，又复叮咛再南下须另买，知其未必得佳石，侥幸冀之。刘道真问二陆东吴长柄胡芦耳。己卯寒食前十日记。

丁丑夏初，张鸿荫、曹丹坡戏设古董肆于鹤一所组之盐店，通有无以便去取，且亦游玩之趣事。较石界交易所只限石者更活动也。于是百物杂沓中，丹坡列雨花石数枚，定价各一角钱，余竟买得二石，亦空前之会。

上年古董客持一决即射者拇指钩弦物，诗所云决拾，注谓以象骨为之，清初改麈角，俗称麈为四不像子，辽东人称罕达罕也。后多以玉及翡翠石为之，已无钩弦之义是雨花石所琢者，白质而红绿花纹，上乘也。雨花石器仅此一见，已得之，复赠瑞章，劝其绝鸦片，以作戒指。

壬戌以后，余尝以寻常石子排比作花鸟，就其天然色相，以为巧合，其始在几案间，如七巧图，遂粘于木板，悬壁作画，再三更改，竟成四条屏式。轮远亦以其余石，倩余为之。兼赠木板为酬，春夏秋冬，动植相衬，一则蝴蝶牡丹，一则蜻蜓菡萏，一则鸜鹆枫树，一则冻雀梅花。纯就天然，不加雕饰，故不酷肖，亦有丰姿，此则雨花石之余兴也。壁上之观，较笔墨雕刻诸物，别开生面，颇承亲友赞称。惟石子光滑，粘于平板，殊不易固，只用麦粉糊浆，参以蔗糖，胶粘不脆，可历数年，偶有坠失，则替代维艰，盖色相由石自定，人不能自由，揣度相宜，煞费心力。当其有所需也，环绕所藏，虽千万枚，无中式者，则有时乞贷于同人，或苦思窘索，卒然得之，色相皆合，则欢庆如有神助。

民八己未，除夕灯下，轮远、半亩各携佳石，来会于小庐。先是村市鬻一石盘，纯白色，长黍尺一尺七寸强、宽一尺强、高二寸五分，薄可透光，工作极细，盖定州产。村人咸悭其值，余得之。涤其垢，雪色皎然。同人玩石，夙愿兹器而不遇久矣。因除夜作会以落之。于是三人各出其得意之石，置盘中为三部，列坐凝视，觉后庭花歌舞人，都入琼楼玉宇中矣。

余之石有应时即景者，辄握以出游郊野。五月五日握绿虾蟆，戏置村北树穴中以为笑。重九以茱萸大斗贮锦囊，系襟纽，与李介山、杨朋远放歌西堤，南登僧王台。谷雨持洛阳花园，与李介山野步至范瓮口看梨花。

乙亥重九，饯马朋翁归里，煮葫芦为餐，几上置两玻璃盒，列花鸟九秋九石，香山九老九石。

余作孔子生日展览会，至第三届，专列石之类，计十四门，石子门则纯列雨花，不足百枚，皆以四字标名，来观者多以雨花为称赏。

一石而松竹梅者，一名兰亭序，以其又有清流急湍映带左右也，是轮远所赠。自寅秋冬置怀袖间，至卯春，未曾一日不握。东坡曰若遇饥时，辄以开看，还能饱人否？余之学昔人乐饥，握石亦一法也。又此石之景，崇山峻岭苍翠郁勃，中有大水，极似杜少陵诗“楚山巫峡半云雨，清簟疏帘看弈棋”境味。参寥子谓东坡此句可画者也。石在轮远处是三等位，及余所，尊为上客，足见轮远佳石之多。又余之能造魔，又会心一到杜诗，则此石之握，不止冬春，且复蝉联夏秋矣。

篔孙欲用五色按画所有石子，为一图谱，未竟也。余曾画大观园，放大十倍，夹玻璃镜内。

己卯花朝，窗前玫瑰方芽，梨花已蓓蕾如豆大。余无聊中握一石，黑白参错，凝神而相度之，一僧坐岩间，黄面瞿昙也。一僧坐山上，白面比丘也。其傍稍下为山寺之门，白垩为墙，青黑为瓦，意谓是寒山拾得两僧之在天台也。此石骤视极紊乱，净其心以求之，辄有得，悟道者亦如是乎？

篔孙卧于家，连年不出，己卯春，遣其大儿承诒来学，退食还，每以旧石两三见示，如理熟书。

余此记粗成，以示篔孙，篔孙一次书纸见示云，雨花最大者，曾于旧都古玩肆见之，重约千数百斤，色为深黄浅黄黑白灰，杂糅无蛋白质，润洁无疵，疑非雨花，及细辨之，始知确是雨花，惟索价过昂耳。

篔孙又曰，披阅先生石记，论解详明，顿开茅塞，特雨花成因，各执一词，终无定评。若依理化研究，似为各种物质流动体火成岩，非仅少数质分也。倘用最高度强烈火力，可熔为液体，凉凝复为固体，将来雨花若宝贵，则人造雨花石即问世矣。愚谓熔液复凝，必不及原先之美，人工造作，必不似天然之妙。

次溪在金陵既久，渐知石。暑夏游秦淮，因为余得石五十枚相饷，但求作一诗为报耳。此次所得虽非奇绝，然已不是竹篮售品矣。许为日日觅石，积三四十枚则寄一次。

暑中次溪来函云，连日游秦淮，购水藻石，向光映照，透明，昨夕怀之而卧，不忍割爱。念公为千古有识之人，不忍令石埋没，石逢知己，亦天地间大快事。使石不遇知音，则我不啻千古罪人，勿谓客套，实真心语。按次溪此语，诚爽豁，披肝胆。余二十年寂寞，不得石，今有次溪为尽力搜觅，石运其中兴乎。

次溪又云，水藻石天然之奇，谅系百年前水藻与水锈融合而成。公谓石不宜常浸水中，亦颇有理，然终年累月不浸水，则水藻必枯，或失活气，离水一日，须入水一月，方能复原。按近博物家谓砾岩属石灰岩，皆水成，砾岩美丽者，置杯水中，堪以娱目，与次溪之说似相切合。然以雨花石与铁相触，必出火星，则雨花非水成岩也明甚。且使石为水成，浸水久必枯烂。譬如树木，未断则宜水，既断伐为物材则不宜水。粘板岩作砚之后，赏鉴翰墨家尝谓用则注水，毕则干之，是也。砾岩石子浸水久必枯烂，浸一月可验也。

蔡寒翁及夫人谈月色，为近日金石大家，为吾乡曹朗臣君画梅石。因通函云，次溪南来，时得晤言，嘱访雨花台石，不易得，且此石实产自六合，素传念为雨花石子耳，不可不知。按蔡君以弘博名宿，驻金陵必久，曾谓雨花石不易得，又为人细说产地，则蔡君于石固非好者也。秣陵市上，秦淮河畔，雨花石子充牣填骈，何以不入金石家眼帘乎？异哉。次溪受余之托，访及蔡君，此刻次溪尚在未知石原委也。

次溪客金陵，聚宝门禁森严，雨花台无游客，贩石者只从江北买石，盖六合产也。

兵燹后，秦淮河畔夫子庙，仅一人鬻石，终日或不售一。

次溪恐其罢市也，时周助之，欲每月廪给之。

夫子庙鬻石人赴江北买石，往返须逾十日，售石尽则一次往，次溪择石毕，颇急其余石之未罄也。

鬻石人以次溪为大檀越，一日携石诣官廨求售，谓是牧牛儿拾自雨花台者，索价十五金，因以五金得之，先画一图示余，及邮至，果为前所未见。纹之完美者也，体质黄，故以黄石公称之。寄以诗云："张良不向金陵去，焉得重逢黄石公。"后以黄石公之名太泛，改称天孙织锦，仍与纹景不合，则又改称祇树佛园，用《金刚经》故实，似为近之。其纹多圆圈，可拟佛头及群众，又苍绿作大树形也。

祇树佛园石未到时，余函告次溪，可自留玩，因而染此癖病，亦佳也。适石已来在半途。又次溪定欲使石归我而后快慰焉，岂非三生之幸。

陈簠斋与吴平斋书云："苏市有小文石，中有人物山水花卉者否？檀几丛书中有《怪石赞》，即此类，出于南中何地？乞示及，有人托为物色也。同治壬申十月十八日。"辛巳十月十七日，偶阅陈牍，有此语，极动余意。余则尝托人物色此石者也。同治壬申，是余未生之前五年，此时陈吴王潘辈金石考古之乐，令人健羡。惟尚不知此文石之出处，知雨花在同治间，京朝尚无好者。

卷四　次溪买石

上品造像

祇树佛园

椭圆而扁，极平正，长二寸五分、宽二寸弱累黍为尺。色黄有绿，遍体刻深纹。贩石人说是牧牛童子，雨后拾之雨花台下者，诣次溪于行政院署求售，以五金得之。先画一图，报我喜讯，称之曰黄石公。石即寄来，易名天孙织锦。旋又以纹多类人，绿类大树，复定名祇树佛园。按《金刚经》，佛在舍卫国只树给孤独园，与千二百五十人俱，相传有给孤独者，愿建精舍居佛，以舍卫国太子只陀园地爽垲，欲购之，太子戏言布金满地乃卖。给孤独如其言，因立精舍，曰只陀给孤独园，亦曰只树园。此石之绿，婆娑如大树，黄纹云绕，中一佛高座，诸佛环之，庚辰四月八日，案有绿草一盂，倚之以开皇七年造像小铜佛，铺锦供养借用清四品补子，取瓮中雨水浸此石，为浴佛大典。张鸿荫、张毅青来观。

朱幡护花

周圆形，径约一寸五分不等，未能规圆也。通体白透，下端杂五色为群花，上端弹两枝为桃李，中间红色，凸纹如旗。

东风飘荡，故名朱幡护花也。最妙者旗傍竖一暗白直纹，有顶如圆珠，恰似旗之竿。石初到时，想象花园，惟中间红凸纹，孤悬生硬，殊与上下之花不联，不能强指为花，颇生艰窘。一日持石看，上下花卉，如涉名园，惟中间硬红，亦甚活动，作为赤帜红旗则极肖，何以贴合花园乎？忽然触想十八姨故事，则名为朱幡护花，全盘妥当矣。《博异记》，唐崔玄微遇数美人，自谓苦恶风，尝求十八姨相庇。处士每岁二月朔，作一朱幡，图日月五星，则免，崔从之，后暴风拔木，而苑中桃李诸花无恙，名护花幡。又蒲氏《聊斋》，以花神一则为殿，摛藻檄文，亦讨伐十八姨。余生燕赵间，大风扬沙，花事多牢落，得此石把握之，假以慰情不少。

橹摇指菊

椭圆不均式，长二寸。一端宽一寸五分，一端宽约五六分，为锐形。质清浊分别，为水陆。陆在上半，绿丛中白菊花数朵，有四朵全开，凸露黄蕊，枝叶伸水边。下半蛋白透明，纯洁如水，因名水边菊花。念到杜诗故事，但惜无船人来耳。不料至诚之感，金石果开。造像迷离之间，确有一白衣人，背坐船头回视菊花，来自左方。领中间须鬓相连，意态宛然，颧凹见目。昔者王宏以白衣送酒，与陶靖节饮菊畦傍，千载传为美谈，未详载酒是舟是车？今以此石论，可谓之挐舟送酒，何其神耶。盖此石稍锐之一端为黄色暗质，有凝白一部，居其中央。初见时，不置意。嗣欲揣造船人，则凝白适可作坐人，其下之黄质为船头，其上之黄质为岸土，人之头面映于岸上，细审乃可见，故起初忽略之，后乃认出，如突然而欸乃之声，从岸边转过来者，亦巧矣，此其实也，不敢作神怪语。如《两般秋雨》记异石，有杜诗两句，落水相合也。意当时两石，有菊有枫，未必其完全逼肖，如我所得耳。

石出听枫

方圆形，稍扁，径可一寸五六分，质暗色黄，有深绿作树枝形，楂桠疏密，掩映欹斜，备尽其状，附于枝间者为红叶万点，密密簇簇然枫叶也。又于石之腰部作树干状，两边相对，颠倒皆可观。此石到时，次溪名以桃花源洞。余以为有花无叶，改称梅花庾岭。嗣以“橹摇背指菊花开”诗意题名前石，遂欲对成“石出倒听枫叶下”，为合璧矣。

两个黄鹂

斜方形，径约一寸五分，质暗光细，全体绿色，一面有红色缭绕，右一黄鹂，绿黄而绛尾，颔腹白毛毵毵然。又一黄鹂居其前，欹而顺序之，中腰掩于红色，如穿花也。余于动物最喜鸟，而不欲其笼。友人蓄黄鸟有白眼圈者，其黄含绿，腹有绛点，尤可喜。一日喜之极，买三头，用两方笼，併而豁之，以挂庭树，三日而兴尽，携村外，放之高林，祝曰，天气幸未寒，公等行矣！蹴笼而碎之。每读陶诗“绕屋树扶疏”，而羡其境，更因以钦佩陶诗天然，有“众鸟欣有托”句连贯写出也。人而喜鸟，如其居于绕屋树扶疏中，则春秋两分，必有翩翩然群集好友，绿衣黄裳，且奏咸池乐也。年来落魄益甚，怀居不遂，但于散步郊坰时，一见闻鸟耳。次溪为我买石，竟有斯鸟，不亦乐乎。得朝夕把握鸟矣。郑板桥家书，有“不得笼中养鸟，爱鸟莫如先种树”等语，与陶诗同理。又此鸟是胡贯一发现出者。

木瓜香雾

方而欹形，长两端一寸五分，短两端一寸，透体，白色微黄，平面有浓黄木瓜一枚。蒂处淡红，黄雾絪缊，如闻香气也。众果之香，以木瓜为最烈。余弟六冲，每冬初为我买木瓜，必媵之以木瓜二枚，余尝以四瓜盘为俗，因谓人生每年仅一次闻木瓜香。自丁丑兵乱，又三年不得见木瓜矣。

苏门长啸

椭圆而立景，高一寸三分、宽一寸，体质粗松有空隙，而腻处之美，又胜于滑光，所谓蝶之粉衣，未必不如蜩之背也。全体黄色衬浅绿，下端浓绿中白花簇聚，如沙洲，隔水对岸为上端，溪洞幽邃，洞外白衣人坐，仿佛孙登在苏门山，郑子真在褒斜谷口也。故又一名谷口横琴。两偏峰势俱奇，一峭悬螺鬟，一通空见水，苦瓜和尚画一洞，苔藓纷披，坐一人横琴膝上，题曰“不学苏门啸，长挥谷口琴”，其意以为除却长啸便是弹琴，非谓不学也。

寺门池树

椭圆横景，长一寸五分、宽一寸三分，形极均整，体透而映窥不通，纹则深澈如水，上半之纹，迴复多状，下半通横似水，黛色松树，掩映寺门，幽僻清净，如贾岛诗境“鸟宿池边树，僧敲月下门”也。嵩山少林寺摄影，树中有禅门，与此石亦同意，但无池水，次溪谓之栖霞山。

西湖泛艳

横扁形，长一寸七分、宽九分，暗质，极细腻，色黄而为紫所遮衬，黄色反不多见，如夜月之光，为山崖树木所阴映也。于是崖树中间，横一小艇，艇尾为物掩，中坐一美人，以其削肩而坐，故虽无眉目，一望而知为女子，貌且清丽也。次溪名为西湖泛艳，颇恰当，无以易之。胡贯一相石之背，亦一人坐船上，为林木所遮，衣黄而头部欹侧。

云岗佛窟

圆凸如鱼头形，长一寸八分、宽一寸二三不等，通体墨云与白纹相间，曲折缠绕，映光照之，透亮皆淡黄，略见几点墨痕而已。次溪名之以天际乌云，取东坡写蔡诗意，亦超脱，惟墨云遍满，殊非天际，因有一窟立佛像，故易兹名。次溪问余，不爱则留存俟还。余以其有佛窟也，夺之。

露重竹肥

弧形，长二寸五分、宽一寸五分，通体白暗，如定州瓷，有绿竹竿，竹叶叠垂，两边有双钩线，肥厚无尖锐形，谓之竹不可，不谓之竹亦不可，故以露重竹肥名之。余前有松梅两石，皆圆，以弧形居中，遂成松竹梅三友。

虎头红眼

周圆而扁，直径一寸五分，暗体微糙，纹凹透澈，黄白相间，围匝数层，中央作两眼大眶，每眶着红色，如点染者，余处无一星红也，亦奇矣。此石是次溪在金陵古玩铺中得之，古董客谓之红眼精灵。次溪谓之南京把儿戏，因祝余得石孙也。此石显明在红眼，神奇亦在红眼。北人吓小儿，说红眼老魅来了，魅读如门，即红眼精灵也。

饕餮古器

形椭圆，长一寸七分强、宽一寸二分强，上平下锐，平面净白如满水，围以周圈，一端有两眼，黄色凹文，圆精而匀，如鼎鬲之饕餮也。其下锐圆，置案摇动，是注水欹器也。

灵光翠微

形方而上稍丰，直径二寸，体暗而随处蛋白，色通作黄，浅深可分三四种，纹则随色曲折蜿蜒，边际重以双钩之线，便觉奇观。其大部蛋白中有一黄纹，凸绕作三角状，三角中外皆蛋白，中央有一闪光，极小，用显微镜窥之，其光耀眼，作各种色，随日光之朝暮，及日轨之南北而变移，如蚌壳虹彩，却以蓝青带紫时尤为娇艳，较孔雀珠毛又驾乎其上也。惜太小，非显微镜不见。余尝以之娱目，而造物妒我，少少与之，不知将来幸遇略大者否耶？甲戌重九，余偕张信天、于纯二生，游西山八大处，灵光寺有翠微公主遗迹，已无可寻，作诗曰：

西山到眼皆秋色，何处灵光是翠微。

此石纹色极复，乍见则名不符实，必须搜剔灵光出，乃知其妙。以此知石中之神秘綦多，待人探索处，正在湮没中。呜呼，世界事物岂独石哉。

黄山朱霞

形椭圆，似枣而扁，长一寸二分、宽八分，质半透，全体红色，是细微红砂，在石液中烘托者，如血不红，以血轮之照射而红也。背又有浓厚之红一片，亦枣形，界画清明，细审浓红，亦细砂粒密集者。面为白黄山形，高峰与斜坡相错，白之边际，晕以黄痕。峰前万紫千红，错落疏密，春花秋叶，不辨何时，只得以黄山朱霞名之。

黄螭鳞甲

形椭，在方圆间，一角宛曲，如动物迴首，长一寸二分、宽七分强。质暗，色青黄，杂白，圈点满身，似蛟龙迴首，风雨腥闻者，旧说螭似龙而黄。

黎明鸡唱

形欹斜三棱，丰狭不等，质透润泽，映光灰黄，背光灰黑，如黎明时候，《周书》武王伐纣，左仗黄钺，右秉白髦，所谓甲子昧爽也。明而尚黎，爽而尚昧，此石之质似之。一面白羽雄鸡，高冠红艳，伸颈而鸣，闻之起舞矣。日入以后为黄昏，黑之淡薄为黄也。此石映光而窥，则灰黄，与黄昏黎明昧爽相似。

埃及古刻

形欹斜三棱，质近透，黄白相间纹，凸纹之黄色亦深浅为三种，纹遍全体，奇古多段落，不可名状。埃及金字塔文及各石刻，传为中国夏商时，其字皆象形，即图画也，与此石纹类。

紫云龙气

形椭圆，极绚烂，惟紫气浅深，略有黄处。纹色迴绕相成，敷于蛋白质上，周身一律，如雕绘云龙者然，不能以景物名之。古昔贵人，以龙为尚，近犹见其遗制，将来之人恐无是矣，非仅嫌其贵族也。即龙之摩仿，亦叶公所好，俱非真形。然考殷墟龟甲文，龙已有象形似后世者矣，是夏商时亦模糊，失真龙形。荒古地层发掘，恐龙化石，隆背如大桥，而小首。龙飞又象蝙蝠，最近文化研究，乃始见其真耳。此石资格颇好，无以名之，姑就习惯者因之。又《左氏传》，孔甲好龙，醢而可食，安见其为神乎？

谷璧连珠

形扁而馒头式，上圆下平，直径可一寸，质透而黄，晕以红绿，古老蕴藉，有一规圆寓形，双钩线，中央一小规圆，如璧之孔。璧上粟点，粟陆然谷璧也。《周礼》，子执谷璧是也。按璧刻谷粒，义取养人。蒲璧刻编蒲，义取席，亦安养。清之钦定诗经画图，谷璧则黍苗，蒲璧则蒲叶，未免失实。吴清卿《古玉图考》，能证厥真。此石璧傍，又多圆圈，大小不等，则连珠也。

合欢蠲忿

形椭圆，质暗，多黄地，有小池白水，绿枝远扬，红花细蕊，全体一律，可百余朵，皆须红而心淡白，似马缨花，即合欢也。嵇康《养生论》，合欢蠲忿，萱草忘忧，余尝索解不得，盖亦仅取字义，非服食有效也。合欢之叶，夜则合，故又名夜合，窦叔向表兄话旧诗"夜合花开香满庭"是也。合欢二字，即可蠲忿，眼前是道，何待旁求。萱亦做蘐，谖諠皆忘也。《诗·卫风》，终不可諠兮。忘之为道也，莫善于忘忧，故昔人称忘忧草。余庐前植马缨一株，人多怪之，谓能引鬼，不知何故？昔人有苏小墓诗"门前一树马缨花"，谓之鬼诗。于是乡间人家，莫敢种者。清宫太和殿西，武英殿东，一律马缨花，可百株。刘悟民前年歌故宫宝物，有宫花红三字，盖写实也。余每立合欢花下，凝思其蠲忿之理，见其密叶对生，排比栉次，花丝柔顺，纤秾绝伦，大可澄定人心，缓和人意，虽有忿怒，遇此必平，此花之蠲忿，有催眠术之法也。人当忿怒时，眼瞪神粗，不遑细小，使之辨认微杳，其气立消，岂非明证。合欢蠲忿，此说可备一解。

中馗地菌

形椭圆，极平正，长七寸二、宽八分，质细白，纯洁而透，玉及砗磲皆不逮也。匝边有痕为界，由横一边来一微裂纹，向上稍曲，而纹擎一黄伞盖，如细柄也。其黄亦温润和柔，有痕无际，弱不禁风，一似暑雨炎蒸，倏然生于墙根之菌，俗云狗尿苔者，《尔雅·释草》，中馗菌，郭璞曰地菌也，似盖。按郭璞所谓似盖，即指今之伞，菌形似之。《周礼·考工记》，大圭长三尺，杼上，终葵首，终葵即中馗，谓圭首锐圆如菌首，如今俗说蘑菇头式也。注疏谓终葵为椎，但取拼音，不合理义，以至方望溪，谓当作圭之广狭，其势至葵首而终，皆晦凿不通，反不若后世讹传终葵为钟馗，大鬼、小鬼之画图，每有伞盖，犹寓其意也。

花瓷白釉

形椭扁，广袤只六七分。质暗白，如江西浮梁县名产瓷釉，细腻粉白，为历来所未经见之品，以之列群石间，群石皆油泥垢秽，莫能比其洁白者。余杂好物类，独嫌瓷器，殊不解外国人何以癖之甚。致今古董俗子，喘汗逐臭，谓古玩也。若石之华丽似瓷，则资格高卓，况其花纹颜色，紫绿娇嫣，颇似溪山树边，一舟横渡，宛然野景乎。

黄叶江南

形椭圆，长一寸二，宽七八分，质透明蛋白，遍布细纹，微妙若不可见者。然望之则其光如雾，摩之则其纹如龃，映光而窥，其内有远岚近嶂，相隔清水，又上下黄色，茂树团团也。余夙爱苏诗“家在江南黄叶村”景，曾题大理石片，又题雨花石子。今又以此石之景，逼肖苏诗，不能避也。因见腹笥之俭，不能别起新名。

古锦遗文

形椭圆，平扁，直径一寸强，质透白，晕以微红，纹作圆线，连缀如锦，凡六七圈，圈凡三四层晕，秀润可人意，以幅员周正之故也。

雄狮蹲踞

形椭圆，长三寸三，宽二寸三，质有蛋白夹于中间，其一面黄纹作蹲狮，头部毛茸厚，雄也。在蛋白中甚明显，阚然猛烈。其一方于蛋白之旁为极平之方面，满布黄纹，斑斓密簇，广大若无边际者。有紫色珠子，点缀似葡萄者十余掇。又一斜方形，亦紫色，而刻画极真且整，若棋盘斜视，有边楞。

人比花瘦

形椭圆，长三寸、宽二寸，质透白，全体细纹。一面有纹作长线绕，中露一人形，峭立向左方，面部清瘦，如女子削肩画像。左方紫黄杂花，适当其前。画者尝作"帘卷西风，人比黄花瘦"词写意，此石殆不让画也。一面细纹缭绕中透黄紫花。石之全幅平整，人形中央，可又名六朝造像，入佛部。

诸佛讲经

形椭圆，长二寸五分、宽一寸七八，质暗而糙，全体黄色，有黑色人坐形，衣界画线，其三面环绕之黑，作万头攒簇状，亦界画线，极清楚。一若世尊说法，诸比丘听之也。

天女散花

形椭圆，微弯，如豇豆状，长二寸七、宽一寸七，质透，白略带黄，纹缤纷陆离，有大纹，呈一女子坠髻状，曲腰迴臂，婆娑若舞，头面向左方，适当弯处，有红绿碎花，片片悬空，不亦巧乎？其合之也。此石亦拟入佛部。

紫花烟壶

形椭圆，长二寸、宽一寸七，质暗，白地而紫花，纯净无杂也。如乾隆古月轩烧料烟壶，白地而起紫花，谓之套料者。相传其料为珍珠宝石，自亦一时精萃，今已明日黄花矣。清初意大利国贡洋烟，风味奇异，贵族尚之，鼻烟壶因而竞巧，琉璃厂为官窑御制，颇极矜贵。袁中舟详记之，见《星期报》。

长颈鹿豹

形圆稍凸，长宽二寸强，质为粗蛋白，黄纹清楚，为群兽状。其长颈者，极似近世所谓鹿豹，及非洲所产麒麟，其头部高于地一丈五尺以上。

汉宫鸱吻

形三角而欹斜，支离凹凸，可二寸弱，质为粗蛋白，黄白红纹，分别各有部，奇诡莫名，而大体颇似屋角之鸱吻。鸱通螭，吻亦作尾，故又曰鱼尾。相传制始于汉，螭龙类，好风雨，置屋脊以禳火灾，今祠庙尚用之。如龙张其吻而卷其尾，立屋角也。郦道元《水经注》，郁水条说及林邑城阙之壮，使人发思古之幽情，用鸱尾二字者再，上年读而神移。今因名此石，取寻其文，附录于下。林邑城西南际山，东北瞰水，周围八里，砖城二丈，上起砖城，开方隙孔，砖上倚板，板上层阁，阁上架屋，屋上构楼，飞观鸱尾，迎风拂云，缘山瞰水，騫翥崔嵬，城内小城，周围三百二十步，顺淮面阳，开东向殿，飞檐鸱尾，青琐丹墀，榱题桷椽，多诸古法。郦氏原文繁富，此则断取十之二三。

一角红楼

形圆微偏，直径一寸五，质暗，色正绿而妍，与竹树叶绿同。他石绿多近黑，或近蓝青，不及此石之正绿。一面万绿丛中，丹红一角，如楼阁两层，窗扉明亮。诗品所谓“青春鹦鹉，杨柳楼台”，此石足以当之；一面绿在下半，如林箐深山，时见屋舍，其傍之丹红如霞，上半青天，垂云黄白也。石初到时，次溪予名之珐瑯绿，亦知其绿之不寻常也。次儿湖患失眠，偶亦握石托意，酷爱其景，可助画兴，遂赐之，昼夜在手，绿浸于滋，微觉晦滞，以水苏之，复见原色。

堆蓝瀑布

形椭圆，黍尺七分，质暗，色近蓝青，有丹黄小点陪衬之，如奇花岩谷，一端凝白，莹然玉泉也。雨花石经过余眼者几千万枚矣，未见一蓝色者，尝以为憾，次溪物色两枚来，皆不是真蓝，大概此石天性无蓝色，不知何种原因？博物地理矿学诸家，未屑研究到此，亦小品中一重案也。今此石名堆蓝，不过慰情胜无，犹非正蓝。又此石亦列四景中。

四景造像 黍尺一寸以内者

第一组　椭圆形

蚕桑叶稠，薝葡花香，两人小艇，闲园桔槔。

春　绿深浅相叠，遍于全体，仅一小部有白处，正是蚕将三眠时，桑叶急增也。

夏　浅红地上有白花数朵，类栀子花，即佛经薝葡，其香为辛辣之香。

秋　质透白似水，下端黄纹横舟，有两立人形，是秋泛也。

冬　质白微透，有黑绿纹，高下相为倚状，如桔槔不用时，旁无人，无绿蔬，北方冬日园圃。

第二组　椭圆形

蝶衣晒粉，莲芡覆水，黄叶江村，大雪林园。

春　质暗，灰黄，有白红紫圈纹，作蝴蝶飞舞状，因以杜诗"蝶衣晒粉花枝舞"像之。

夏　质暗，遍绿，又绿纹皆圆，大小疏密，似池塘植物之景，郦注水经，写景微妙，沔水有"莲芡覆水，楸竹夹植"语。

秋　黄纹杂他色中，有白水。苏诗"扁舟一棹归何处，家在江南黄叶村"题画之雅，无如此语者。

冬　质暗，灰紫作林园状，远山近村，极有层次，间以白雪，有直线篱笆一桁，曲其一隅，尤肖林园。

第三组　椭圆形

落花水面，荷亭纳凉，木叶丹黄，石盆清供。

春　质透白，水纹涟漪，有淡红点缀之，因用翁森《读书乐》诗意名之。乡先生语，容易了然。

夏　荷亭纳凉为麟见亭语。此石有绿，散于白水，旁亦丛绿。

秋　质暗，通紫。紫地拖朱红点，又黄点。

冬　质暗，有纹，黄微绿，形态复杂之中，作一圆盆，侧视其一半者，盆内白中植一黄石，不甚切冬，归纳之，亦不悖理。

第四组　欹圆形

鱼陟负冰，鸳鸯菡萏，鸜鸲枫叶，古木寒鸦。

春　质暗，白圈如池水，一鱼漾其间，不甚明露，似春冻初解，鱼上水面者，用《大戴礼·夏小正》语。

夏　质暗，两端有透处，白似水，中部红绿相错综，疑为菡萏鸳鸯，并非酷肖者。

秋　黑黄为鸜鸲，红点加其上，画屏多取之，俗说二八登科，盖鸜鸲亦八哥也。

冬　质暗且粗，有虫屎状黄纹，为枯树山村，极合冬景，其一面枯树枝外似寒鸦飞其旁。高南阜凤翰，画枯木寒鸦，作群众盘空无数之鸦，势如羊角风，却又旋转相随不乱，此石远不能逮，但有枯寒意态而已。

第五组　椭楞形

落花莫扫，远浦归帆，霜叶晕红，芦根冰镜。

春　质暗，地铺红花，团簇各处，如落花。岑参诗：“朝回花底恒会客，可惜落花君莫扫。”缙绅贵族庭院，修整洒扫，每不知落花之趣，而一并除去，最为可惜，故诗有戒止谆嘱声曰莫也。余每大雪后，不欲急去扫，亦此意。

夏　质暗，半部白如远水，半部绿树，缥纱处远浦归帆也。

秋　霜叶晕红色者，红在内，霜晕于外为白色也。白之外又晕以黑色，则霜之寒洌气矣。秋景每是红叶，而石景每各殊，故亦不嫌复也。

冬　质略透，白如冰凝，有绿丛生其中，如窥镜。以芦根目之，则水泽腹坚时也。

第六组　豆粒形　最小

杨柳楼台，石罅乳泉，黄叶新霜，疏影一枝。

春　质微透白，周以绿色，一边黄绿，一边浓绿，有临池台榭意。

夏　形近三隅，周以苍绿，如石，中间蛋白清澈，汪然渟蓄，乳泉出于石罅也。

秋　形椭而上凸，质透，绿点纷披，各点皆晕黄色边际，木叶经霜也。

冬　形椭长，全透白，有一绿枝，虬曲带小枝，横于中部，有窗前梅花新月初上诗画之意，见者皆怜爱之。

第七组　欹圆形

水流花开，荷池风雨，菊花甘谷，水泽腹坚。

春　一端红绿簇锦，其外宽阔，白水涟漪，此境不易见者。

夏　白水中间，厚铺荷叶，其绿甚湛深，傍有空缺，如大风雷雨，石破天惊。

秋　质透，白纹，绿叶黄花，绿中有极清澈之蛋白，如乳泉。应劭所说南阳甘谷菊泉，其人多寿，即其境乎。

冬　质微透，灰白，周以层纹，中凝白，月令季冬也。

第八组　椭欹形

杏雨江南，庐山瀑布，疏林晚霞，荒村冰雪。

春　质暗，红色周一匝，中白水纹，红无绿，故不得以桃目之。不然仙源洞口矣。

夏　黄绿横上端，白泉渟蓄，而有垂下如瀑布者，使人想及匡庐。余每意李白、白居易二人者，近佻达无赖，然其游庐山诗文，则又雅甚。昔之邪僻人亦雅甚，叶梦得、贾秋壑是也。

秋　质暗，全体紫纹。若疏林，疏处空隙，皆丹黄纹，若晚霞，从疏林处窥之。

冬　质有透处，凝白如冰，其黄纹杂黑，则村落也。土股迤逦，气象荒寒。余每过小村落，辄以为是太古开辟之时，其人或为獠蛮，又以为岁月易逝，余经其地，忽已变移。慨念童时，亲戚凋谢也。不知他人亦如此感怀否耶？

第九组　攲斜形

小蝶戏花，游鱼在藻，红树江边，汤泉沸珠。

春　质透，平面红绿碎点，幽韵纤细，短花小草，蝴蝶相逐，乡前辈倪君者善画蝶，每作四屏，皆细草柔花，与蝶相称。

夏　质暗，微黄，间有白处，如水之动，绿丝几绺，疑有游鱼，顿起濠梁之思。

秋　质暗，白一缕，横亘如江，红紫随水如树，隔岸风雨，重阳前后也。

冬　质透，清白，有暗白圆珠，浅深其中，如汤泉上沸，珠子迤逦而浮者。昔余浴于昌平县之汤泉，其源发于平地，康熙间琢石栏之，其泉清极如蓝，有无数白珠子，婆娑从下而上，至平面而散，连续不已，即泉之涌也。

第十组　穹圆形

藤萝垂蔓，菡萏溪边，瓜田凉露，深谷紫芝。

春　质暗，白地，延蔓绿枝，复缀紫点，无大本干，酷肖藤萝。惟真物其枝灰色，有鳞绉细纹，与壁虎相近，壁虎亦好缘其上，科学所谓保护色也。

夏　质透白如水，一隅有淡红微绿，幽静闲寂，以少少胜多多者。

秋　质暗，光润，灰色，绿叶布一偏，有两围白纹，似雨露厚泽，其下一黄瓜卧地，瓜田风景也。吾乡无山水胜迹，但有农事，农之附带者则种瓜。余每喜登其楼棚，大似热带人之所构，炎午则四面轩敞，凉雨则淅沥可听。携酒围棋，科头箕踞其上者，都是羲皇上人，不独一二人所好也。农村平原风沙，只于画中见山榭竹楼而羡之，不得实境也。瓜田之楼棚，以木为巢，猱升既已趣甚，又于万绿丛中，轩豁凉爽，剖瓜消暑，其为乐可胜道哉。市廛楼阁，高五六层，纽约竟数十百层，个中人物自豪。固不知瓜田野人之风味也。

冬　质透，黄紫相间，如丘壑山谷，疑商山采芝者流，在阿堵中也。按商山四皓，曰绮里季，夏黄公，东园公，角里先生，千古以为高隐，此大谬也。留侯以傀儡把儿戏之法，选四白发人而饰之，以罔汉高耳。留侯既以辟谷成神，免为乌喙所嫉，复以扮演戏剧之道，调解太子事，一时之人，咸在五里雾。而后人亦认四皓为真，殊可发一笑也。天下岂有深山采芝鹤猿之侣，一旦而受显贵人支配者，况在宫闱，仅一露迹，其余遂不闻名乎。其数四，殆即俗间医卜星相类也，张良以游戏弄人，圯上之老与商山之老，皆足以罔千载而惑万世。野人如余，每窥破之，留侯若在，亦当首肯。

第十一组　椭圆形

红蓝花开，映日荷红，梧桐一叶，风雪山村。

春　质暗，有极清之蛋白，笼绿成纹，敷于平面，绿在蛋白中，映射于外，遂成蓝花，不复见绿。其蓝如秋雨初晴之蔚蓝天色，其旁又有红花陪衬，非指入药之红蓝花也。红蓝花即藏红花，鲜红不蓝。

夏　质透白，有红藕花，极浓艳，映光而窥，则淡若无色。

秋　质暗，白色中淡绿而黄焦，如一叶梧桐，边际微红。

冬　质透，白微黄，有树虫粪质，纵横其中，晕以暗白，如枯树风雪之山村。

第十二组　椭敧形

红药栏干，黄浦泛舟，白蘋红蓼，灞桥风雪。

春　质暗，纹红，有曲折，穿插如栏干。

夏　质暗，黄纹回旋，若舟之荡水。

秋　质透，中含红绿，蓼花洲渚也，有白点为蘋。

冬　质透，树粪质参成冬树，旁一桥隆背，惜无驴子。

第十三组　椭敧形

杜鹃枝上，避暑山庄，老树经霜，寒月一钩。

春　质微透，黄纹，绿枝红花。

夏　质浊，为绿树青山，杂似红花。

秋　质透，白有纹，黄紫如老树楂桠之状。

冬　质透，周匝灰色，中黄白，傍一钩新月。无花木，故为寒月。其一面白透，有一凹文，文之凹中一点，若星之见于石孔中者，故又一名石孔寒星。

第十四组　椭圆形　《豳风》意

蚕月条桑，食郁及薁，获稻为酒，妇子室处。

春　质暗，黄色拖绿，叶有长枝。

夏　质透白，黑绿枝叶之下，有红果二，《豳风》六月食郁及薁，传曰郁棣属，陆机疏曰，其树高五六尺，其实大如李，色正赤，食之甘。《豳风》注曰薁蘡薁也，疏是亦郁类而小别。《晋宫阁铭》曰，华林园有车下李三百一十四株，薁李一株，车下李即郁，薁李即薁，二者相类，而同时熟。此石红果，郁及薁也。

秋　质微透，灰淡红，而纹黄，有仓菌，象获稻也。糯者为酒，今在绍兴犹豳风，北方反无糯酒。

冬　质透、黄纹有人形，二三相对坐，伛偻宛然，是豳风所谓“曰为改岁，入此室处”也。古者井田有庐，秋获时，妇子相率居野，冬寒则入邑，而处于室也。以上四石，限用豳诗，撮合较为尤难。

第十五组　敧圆形

月挂柳梢，烟云竹树，菱塘白露，疏林淡远。

春　质暗白，有黄绿纹，垂柳条，从上而下，其左白纹为缺月，李后主“月挂柳梢头”词景也，东坡词“缺月挂疏桐”，亦相近。

夏　质暗，绿色繁茂，竹树交错，蛋白环绕之，如烟云也。

秋　质透，绿浮水面，而露气凝白，遮蔽其上，金冬心淡墨画水涯，颇似之。

冬　质暗白，紫纹疏落，若倪云林面也。

第十六组　长横形

苔痕微雨，重山叠翠，白云红叶，梅雪横窗。

春　质暗白，黄绿如春苔欲苏，微雨润之。苔之为景，幽韵胜群芳。余乡风燥，最不宜苔，偶有土墙，北向郊野，树荫其上，日斜其旁，苔或殖焉。移来粘石如自然生，不过浃辰，非萎即槁，有如淮橘，迁则弗良，即或生新，必遭虫害，飞虫黑小，绕苔而旋，育卵其中，子如白线，苔根啮尽，蜕而复飞，如此循环，苔遂不茂，经过既久，徒唤奈何？尝至津门，市明虈者，疏松石上，其绿茸茸，法必有传，又得河润，勉强移来，必不可活，坐此数因，但有怀想，兹获于石，目眙成欢，慰情胜无，忘其为赝。

夏　浓绿遍石，白水间之，隔溪青山也。水边有树扶疏，有亭高旷，青山之上，白云横焉。一面大麓之下，曲绕川流，岸隔青山，绿若相接，龚半千画也。

秋　红叶纷纷，弥满全石。一端有白云英英，相形滋润。

冬　透白，枯树横枝，如对西岭雪。

第十七组　敧圆形

花落黄陵，绿天僧院，西江枫叶，篱落横枝。

春　黄纹曲折，有暗白处，轻晕红花，片片若不禁风者。念郑鹧鸪诗“花落黄陵庙里啼”句，为花鸟并写最韵者，千古无两。何处无落花，要在黄陵庙里鹧鸪啼时见之；鹧鸪何处不啼，要在黄陵庙里落花中闻之，是黄陵庙为之增色也。余因悟诗文之佳，必有陪衬典故，方不枯槁。《徐霞客游记》，控险寻奇，健壮无比，读之多遍，靡可记处何也？篇篇一律，都是山谷溪洞故耳。若郦道元《水经注》则不然，每写一水，则古史也俚语也佛迹也物产也风俗也，绚烂杂琐，动人听闻。涉猎一过，使人终身不忘。有典故陪衬故不枯寂也。

夏　绿之鲜湛莫如蕉，怀素草书姑勿论，即其所谓绿天，可谓不与人共戴矣。郝生宽甫自永州来函，述蕉林之美，且附半枯一叶，北人但涎羡之，不得其境。

秋　质暗多黄，有红色纷铺其上，李白《牛渚怀古》诗，起句“牛渚西江夜”，结句“明朝挂帆去”，枫叶落纷纷，殊觉一气呵成，无边萧瑟。

冬　透白中有枯枝，长短交横，有梅之意，不是他树也。林和靖诗“水边篱落忽横枝”，惟梅可以当之。树皆横枝，亦尝水边篱落，然皆不能忽横，精神在一忽字，非枝忽也，人忽见之耳。

第十八组　敧圆形

雨丝烟柳，蜻蜓红弱，蛛网新晴，石窟佛寺。

春　质暗，绿而灰青，雨中柳色。

夏　质透，有一红纹双钩线，如蜻蜓点水。陆放翁“红蜻蜓弱不禁风”句，妙绝千古，善状物情。

秋　质暗白，有圆纹似蜘蛛，其旁细纹，曲折似蛛丝，因以“蛛网添丝屋角晴”诗意名之。

冬　质透，黄白纹，复杂之中，多佛头状，故名石窟。按石窟佛寺颇多，最著者云冈及敦煌。云冈以刻工胜，敦煌以藏经名，皆南北朝遗迹。情藏经半为欧人攫去耳。余得残篇数十行，乌丝栏墨痕，精湛如新写也。

第十九组　椭圆形

艳阳天气，堆蓝瀑布，老圃黄花，寒泉双井。

春　质透，遍体深刻纹，晕以红，杂以绿，云物鲜明，艳阳天也。

夏　质暗，绿极而成蓝也。蓝之为色，以染布之蓝靛为正，靛出于蓝叶，故曰青出于蓝而胜于蓝也。青即蓝色之深者，近人市井口吻，谬谓黑为青，极混乱。种蓝而腐其叶，遂成正蓝。亦中国一种化学之妙。药物解毒须用青黛，一名靛花，染布缸中浮沫也。今日欧洲化学制靛，已非种蓝，染匠用之，药料于无形中以牛易马，所染之布亦非正色，可胜浩叹。此石之色亦非正蓝，然就此可见绿极成蓝之过渡，亦参考实证也。余说已见上品造像中，兹不复出。

秋　质透，白中有绿纹，为叶状，其上黄花一朵，侧向西风，晚节之香，如至老圃。

冬　质微透，全体白，周以大纹，有两圆孔，迤逦其中，故谓之双井。《黄山谷尺牍》每云双井茶，是山谷家乡也。

第二十组　椭横形

沆瀣餐霞，山雨欲来，霜叶未扫，冻雀噪晴。

春　质暗，灰而布红，如黎明早霞也。沆瀣清气也，见《楚辞·远游》篇。人之养生，以得新鲜空气为要。黎明即起，不仅是治家格言，尤是养生格言也。昔人云餐霞，霞可餐乎？日未出时，东方红光，在高旷处所得较多。余登泰山日观峰，所见最红且久，真所谓餐霞也。黎明散步郊野，亦略得之。

夏　质透、色黑如云，滃然欲雨，中隔蛋白，下有山楼状，许浑诗“山雨欲来风满楼”也。

秋　质暗，白上敷红，片片如霜叶。

冬　质暗，黄白杂灰，纹复，有黄紫作点成群，如家雀之噪于雪晴也。

第二十一组　椭欹形

野舟自横，红墙披蕉，晚霞黄叶，雪泥鸿爪。

春　质透，白中有暗白纹，如舟状，而旁无他物。韦苏州诗“春潮带雨晚来急，野渡无人舟自横”是也。韦诗别有寓意，然亦江南实景。余光绪间游浙东，江沟中尝有舟无人，渡者揽水中绳，以达彼岸而去。此间倘复人来，则水中有绳，可牵舟回也。

夏　质透，红有暗绿，如披蕉叶。南国种蕉，其叶可七八尺，亸垂石墙外，画景也。

秋　质透，而红如霞光，有暗黄，点绿，如霜叶。

冬　质暗，黄有白纹，白中凹紫，迤逦如雪中鸿迹。

第二十二组　欹圆形

杏花蓓蕾，池荷新放，禾黍登场，木落岩枯。

春　质透，紫点攒簇，杏花未开也。

夏　质暗，极粗，有杂质，绿荷叶有柄。

秋　质暗，黄纹集聚成堆，如禾黍黄熟，纳场圃也。

冬　质暗，极粗，灰白多凹纹，又有黄，疏林破屋，萧瑟荒凉。

第二十三组　敧圆形

句漏丹砂，乳泉喷射，十五月圆，洮水流珠。

春　质透，灰白，有白气，曲成门洞形，中有朱点，谓之春景不切，姑以承乏。晋葛洪求为句漏县令，为其出丹砂也。《汉书·地理志》，交趾郡，县十，羸偻，安定，苟扇。苟扇即句漏也。

夏　质透，白而有暗白，纹曲如激射之水，向下微低，画山泉者，遇石则激起喷射。

秋　质透白，而有暗白一圈，极圆，合于规画，中秋月也。

冬　质暗白，微有透处，暗白作圆珠无数，似洮水流珠也。洮水出西倾山，东折而北，至皋兰入黄河。按《地志》洮水出蕃地，浩然奔放，其声如雷，每冬初冰凝，圆如弹子，蔽水而下，俗称珠子凌。洮水之性，其异如此。临洮大河产绿石砚，宋赵希鹄《洞天清录》集，以为无价之宝。甲戌秋冬间，曾以一函，盲投岷州邮局，询求之。邮员刘生桂，亦不识洮砚，而盲复我。后二年，郝生宽甫行军至皋兰，为我获两砚，始挹洮水清芬，为平生一快。又甘肃风景摄影，有洮水流珠一页，其水曲折，而流珠不可见。

第二十四组　椭圆形　黍尺二寸以内者

林泉修禊，麦浪翻风，落叶点黄，板桥霜迹。

春　透暗参互，颜色复而淡，有林泉迴绕状。

夏 绿黄杂糅，似大麦半熟时，陶诗“平畴交远风”也。麦穗遇风，起伏相倚，酯肖波浪，其声亦蔌蔌可听，如有疏雨。

秋 质黄而微透，有暗黄点，转觉愈黄。

冬 质暗苍白色，有黑点如人迹在晨霜。温庭筠《商山早行》诗，“鸡声茅店月，人迹板桥霜”。两语尽括冬日征途景况，清绝千古，诗画至此观止矣。后世征人，不复知此味，而此诗终与天壤相敝。

第二十五组　椭横形

武陵芳草，巴东三峡，江枫渔火，孤山探梅。

春 质暗，绿色浅深，繁复相错，如芳草铺地。陶先生《桃花源记》，芳草鲜美一语，骤读亦自寻常，玩之则全景之妙，非芳草鲜美，不能烘托桃花之红艳，亦画法也。

夏 两端蘸绿，中夹清澈白水，如峡中也。郦道元《水经注·江水》云，三峡七百里中，两岸连山，略无阙处，自非亭午夜分，不见曦月。

秋 质暗灰黄，紫色疏密纷披，苍茫中“月落乌啼霜满天”，姑苏城外也。

冬 质透，为一面沙质反映，遂为寒冬景态。冰雪凛冽，老树横枝。

第二十六组　椭圆形

苏堤烟柳，点苍滴翠，枫桥夜泊，大风吹雪。

春 质暗，绿树斜荫水边，大堤横亘，有苏堤六桥之意。

夏　质暗，青绿与黄色，成峰峦苍郁之状，与云南大理点苍石景相同。大理石片，自阮芸台题名后，声价益高，至其点苍之妙，以何者为正轨？则未之前闻也。余尝不揣，妄论以为点苍二字，不仅大理之山名而已。盖石片之色，确为点苍也。苍之为色，黑与白相杂错也。诗云“蒹葭苍苍，白露为霜”，霜与葭叶相杂错也。韩愈云发苍苍者变而为白矣。黑白相杂错者变纯白也。苍蝇，背有纹，黑白相杂错，故谓之苍也。苍非指青绿也。由此可知，是故大理石片极妙者，不仅青绿，必须于青绿之上，厚加黑白杂错之霜雪，乃为点苍真谛焉。余有一小屏如此，珍为奇宝，偶涤拭石，误去其霜少许，然其存者尚斑驳缤纷，霜雪凝结，若高山之积雪，若秋叶之铺霜也。大理石之苍，生在绿黄黛蓝之上，尤觉郁郁苍苍，勃然活泼，非他石所能及也。既耽兹石，每多留心，所见百千枚，杳无一凝霜雪者，以此愈自享帚，快慰无量。按近年书馆编地理书，至大理府，有一段写点苍山景曰，点苍山十有九峰，奇花异卉，遍于岩谷，经冬不凋，侵晓之时，苍翠欲滴，日出则云雾遍覆，惟秋季方可豁然。此段写景绝佳，不知是否创作？抑抄录安如山《点苍山记》诸书乎？余每读而爱之，且玩观藏石，确即如其所说，而有苍翠欲滴云雾遍覆之妙，如到大理府看点苍山者。蛮云瘴雾之中，揽山巅积雪之胜，不亦乐乎。点苍山之名，不知缘何起，殆即因点苍佳石而名山欤。陋说至此，愿弘达知者倘赐之教诲，兼正其说苍字之谬与否？则幸甚幸甚！

秋　质暗，微有透处，白有少纹，紫红点缀间，有纹凸起，屈而上隆，作半规式，而中空如桥也。前有红叶景者，辄欲加以枫桥夜泊之名，但惜无桥。此石之桥形，亦最后乃看出者，由此而知，知石之未尽也。石之奥妙正多，余虽拙陋，用心颇勤，尚未尽其妙，况在不好事者，石之埋没也可胜道哉！张继之诗，既传诵千古，然止就枫桥夜泊四字看来，既已动人秋思，后之张继有斯境乎！

冬　质暗，黄有白痕，其状横扫，如雪被风吹，有挂碍上凹处。

第二十七组　圆微椭形

流觞曲水，草阁江深，黄叶扁舟，云冈冷坐。

春　质暗，淡红黄白，纹作大曲，如水之折还也。

夏　质暗，一偏青黛色，一偏雪白，极清楚，如草树，如冈陵，临江水者。杜诗“五月江深草阁寒”，其境当在此间。

秋　质暗，黄白，有凸纹如舟。苏诗“扁舟一棹归何处，家在江南黄叶村”也。

冬　暗而黄白，细纹复杂，如大同云冈石窟刻佛。

第二十八组　椭圆形

草木萌动，清江白波，沙洲红树，老桧凌寒。

春　质暗，白黄淡绿，北方春分以后之野景，合于《礼记·月令》所谓草木萌动也。燕赵间气候较寒。

夏　质透，洁白胜玉，有大纹如波浪。东坡以孙知微水图四面赠人，谓之白波吹素壁。

秋　质有透处，全体黄红色，散布透处，如水中有洲渚也。

冬　质暗，全白，有苍绿纹，如老桧凌寒，其气弥壮。桧之为木，昔之释者曰，柏叶松身，殊欠明白。松何身乎？既无定像，则柏叶便可为桧矣。今当云桧柏叶不扁，似为得之。余此石苍绿如树，何以不名松柏而名老桧乎？每见松枝弹长，柏枝亦然，桧之老者愈紧密，此石树形无长枝，故谓之老桧。

又本组夏景之石，白纹似石窟刻佛，大佛之傍，围以小佛，故亦入佛部。

第二十九组　横长形

桃源洞口，蘋鱼漾碧，落霞飞鹜，梅花香雾。

春　质清浊相错，有一圆孔，深透而邃。一人坐舟抵其外，而俯首伛偻，作窥探状，将舍船从口入也。

夏　质透而嫩，有纹如水，淡绿晕之，一纹极圆，则鱼所在也。鱼在水中不可见，水面纹圆，知其为鱼。王勃赋云，蘋鱼漾碧花鸟萦红，精绝语。

秋　质暗，绿纷铺一偏如蘋藻，一偏老干横枝如树，中间丹黄如霞光。王勃赋“落霞与孤鹜齐飞，秋水共长天一色”，语不为妙，而世多称之。考庾信《华林园马射赋》“落花与芝盖齐飞，杨柳共春旗一色”，王勃盖袭用之。

冬　质暗，白又淡红，晕以灰，有红花极繁茂。梅花盛开，香雾氤氲也。

第三十组　椭圆形

东风解冻，绿树鸣蝉，蒹葭野渡，冰霜缬纹。

春　质暗，灰而浮黄，黄而晕白，水痕土脉溶化时，在燕赵之惊蛰。

夏　质暗，绿中高耸者其树甚茂，疑有蝉鸣其中，考殷墟龟甲兽骨文字，夏字作[illegible]，即蝉形也。盖殷商之时，以为蝉之为虫，可以代表夏也。《说文》之篆夏，反不如今文之楷夏，犹似蝉形。蝉之声最大，是以季札观乐，为之歌秦，曰此之谓夏声，夫能夏则大，夏声当即蝉声。杜元凯未见契文，故亦不能释及也。

秋　质暗，黄白之中黑紫如芦花，有一横形如舟渡。

冬　质透，白纹极精细，若不可见者。冰雪之纹，出自天然，与此石之纹同，惟彼皆速化，不若兹石之长存也。

第三十一组　椭圆形　三字地名

石钟山音，黄天荡江，函谷关气，巴里坤池。

春　质暗，有蛋白，清如水，一偏绿如山，强名之者。

夏　质暗，有长江纹，白而黄，匝有山形，江而黄则黄天荡也。韩世忠与金人乌珠战地，附近即金山。

秋　质暗，白纹有紫气，关令尹喜所望之气也。

冬　质透有池，巴里坤池，有汉斐岑纪功刻石，谓之海。

第三十二组　椭瓿形　毛诗

溱洧秉蕳，泽波菡萏，场圃纳禾，十月陨箨。

春　绿波荡漾，有溱洧涣涣之意。

夏　质透，大绿荷叶之傍，有菡萏一枚，近蒂淡红，其上锐圆，愈淡，酷肖新荷。

秋　质暗，有纹，纷披散布，皆黄而微红，又微苍，禾稼登禾圃也。

冬　质暗，灰黄，有紫纹，细而微凸，作林屋萧瑟状。

第三十三组　椭瓿形

桃花源前，青山白云，红叶流泉，新寒树色。

春　质暗，淡红匝一周，中白，迤邪水纹，有纹作洞口，转过一端，亦作洞口。

夏　质暗，绿如山峦起伏，有白如云。

秋　质暗，灰白，曲屈两岸，岸边灰色，晕而整，白水中有一红叶，苏迈诗"叶随流水归何处"。

冬　质暗白，而有黄绿，木叶新霜时。

第三十四组　椭瓿形

绿绕山村，苔藓连钱，黍稷稻粱，雪蒙竹叶。

春　质微透，红色斜互，直射绿丛，其势极壮大，令人可惊。

夏　质暗，绿黄如湿润土皮，初过暑雨，苔藓之钱，连缀作浓厚绿点。

秋　质透，微黄白，有虫粪状堆积，似黍稷之穗也。黍稷之名实，古书多混淆，近日乡土称呼亦遂舛谬。昔年天津有讲员，特由浅小起，先欲明白俗传《三字经》所云稻粱菽麦黍稷六种为何物者，盖不惟都市人不知，即农野人亦不清楚也。今略就一隅风土，释六谷以证《毛诗》，黍糜也，大暑节种，其色黄有黑红者，古之律度量衡，以黍一粒为一分，定度，而演量衡；糯者今北人造酒醋饴糖呼为黄米；粳者呼为糜子是也；稷最高，如芦，故今呼高粱，其色红，有粳糯之别，此谷最易认，而陶弘景曰稷米人不识，书记多云黍与稷相似，食之不宜人，陶于梁武帝时在金陵，不能辨稷，今江南人尤不惯食稷也；稻则江南人所习，而北人呼稻之糯者为江米，殊可笑；粱即粟也，今人呼为小米是也。古今以粟为六谷总称，故遂混，此物粒最小，而资养宜人。菽为豆之总称，《春秋》庄三十一年齐侯来献戎捷，谷梁传，戎菽也，范宁曰寂豆，尔雅郭璞注，胡豆。

冬　质暗，苍黄中竹叶低垂，而粉白，是雪笼竹叶，北人所种竹也。

第三十五组　椭攲形

东风吹水，黑云裂电，霜红似花，山亭老梅。

春　质暗，全体浓绿，略有黄纹，绉归一边，其旁之纹，作赶浪式。童年诵《千家诗》“东风吹水绿参差”，其景在兹石。

夏　质暗黑，有红纹两缕，曲折如电，光闪闪惊人。

秋　质暗，遍体红花，太密。

冬　质黄黑，极粗。一面有澄清蛋白，如冰雪、如山崖。有亭，有老干梅花，斜于亭上。花朵粉白，与冰雪差别，爽眼易见。此石起名雪夜访戴，后因无舟，改今名。

佛部造像

南北朝像

椭圆周正，全体细纹，一面大纹有立佛，南北朝造像也。佛形极瘦，颏下尤锐，衣纹略具，宛然铸铜背光，但无凳四足耳。佛衣黄色，涂金也。

天女散花

石长微弯，扁豆形，白而有黄纹，各簇一部。其大纹则成一女子高髻云鬟状，迴身后顾，翩若惊鸿，面部所向处，适为弯凹，红绿灿然，天花乱坠也。其一面亦有女状，耳见珠珰。

世尊诸侍

石重可三两，欹圆形，黍尺约二寸强，有紫红色为群佛衣，中央正坐世尊，且左袒。头部肉髻，右旁侍二佛，左旁诸菩萨天王皆略小。

高座讲经

椭圆，长径黍尺二寸五、宽二寸弱，质暗，通体黄色，有黑纹，是诸佛绕世尊也。世尊高座耸肩，出人头地，群众万头攒簇，如受戒。

缠头骑兽

椭方略欹，高黍尺二寸五分、宽二寸二，质暗，全体黄色，惟纹之周围，迷漫皆红紫，红黄教色也。达赖喇嘛继宗喀之后，改革红教，为黄教喇嘛，今印度西藏，以黄布或红布缠头部，犹其遗俗。新疆谓回部人曰缠头。前年余得一小铜佛，高冠之脑后，作缠布数层，极厚大，盖印度西藏铸也。此石之纹，佛乘一兽，佛面向右，缠布仅露颊腮，其兽亦向右，伸颈张口，两耳耸上，前露一足，臀部竖尾甚庞。《故宫周刊》，载明人地藏佛像骑兽，及唐人画各佛骑兽像。狮虎象三兽之外，人所不识。又余有南北朝造像、高冠骑虎，像才一寸，模糊不真，兽头吻鼻间极似猫，故曰虎也。此石次溪作横看，名曰扶桑神女，余以其色不符也。易为弥猴蹲洞，今立观之，较更明显。时为次溪写信，因以纸画其像，且注说明。又题六字曰，近日造魔之一。庶几次溪见之，更高兴，为我多买石。

黄冠白衣

三隅形，平扁，质透白，有纹凸起，凝白为白衣蹁跹状，上端一抹丹黄，为黄冠状，殆即所谓毗卢帽也。上海《佛学半月刊》，铸铜银佛徽章，曰毗卢遮那佛。

嵩山面壁

三隅形，平扁，暗，有透处，红色达摩，通体无别色，达摩面右壁，见其颧凸目深颡广，岸然有道气。嵩山少室十年时。

黄龛雕刻

三隅形，中脊两坡，凡四面，其一坡于透白中黄纹细雕刻，如佛龛，龛中白石佛，极清了。

坐对青山

椭横形，质暗，全体绿，中部凹下一冈，冈有僧，背坐对青山。何以知其僧哉？红帽而黄衣。

脱簦坐息

椭圆形，质粗糙，白地坐红衣人，傍置一簦，及杂物，是云游而暂息道傍也。簦长柄笠也。《史记·平原君传》，虞卿蹑屩，担簦。《越谣歌》，君担簦，我跨马。

西藏范泥

圆而上锐形，如造像背光之有尖也。高黍尺一寸弱、宽八分，质透，周匝红而中白，白中有一小黑子，作佛髻看，则恍忽如佛，不甚真。红之周匝，则酷肖红泥所范也。李心衡《金川琐记》，藏佛有铜泥二种，铜者穷年累月，始竟其功，中有蝇头细字佛经，非重价不能获。其红泥范像，俗言屑佛骨和硃砂以为之，番人珍若拱璧，并西藏亦不可多得。余藏一范泥造像，立而八臂九头，涂金，有漆及黑锈，凸纹西藏六字。

白石洞中

椭圆透白，纹若洞龛，中一凝白佛像，雕石无彩色者也。佛光头，惜无髻。

重门现身

圆形，略偏欹，质透，有凹纹，作方而上锐形，凡两层，映光窥之，一佛现身，如空室两层，而立其内。凝视乃得之，缥缈愈有神，如照像之淡泊微痕也，用显微镜映光窥之，则寂无所有。但见重门豁然，室内有光，从傍射入者，暗中光也。

分居各洞

质暗，灰白纹，一端有两洞并开，大小相等，各坐一佛，云冈山有此石窟。

石白毫光

质暗，凝白若定州粉瓷釉。一佛头，长圆，而且凸起如稻米粒，光泽圆满。余藏南北朝铜造像，骑虎者头面形，与此相似。

悬崖开洞

方形，直径六分，而且势若千仞之崖，崖间一佛洞高悬也。

卧佛襆被

椭欹形，质透，有暗黄色及苍黑色，成一卧佛形。其边际有白粉烘托之。北京西山卧佛寺铜铸卧佛，为元世祖物，己未余游观时，适有藏人覆以花被才三日。

狮象连镳

椭横二寸五分，黑地。一佛骑狮，一佛骑象，并辔连镳。

山上浮屠

石长二寸余，白透，有杂色为山形，山上三塔矗立，皆白。

龙华大会

石长三寸余，黄色纹成千佛形，有毫光极旺。以上寓形。

紫衣袈裟

质暗，腻嫩如泥，淡紫色，有纹横扁，若僧袈裟。按袈裟本作迦沙，葛洪撰《字苑》，添衣作袈裟，见象教皮编。又唐武后，赐僧法朗等紫袈裟。其后遂称赐紫。今僧偏袒衣纹，为墙缝式，当即古袈裟也。

左袒偻行

质暗，深紫，绿黄纹如偏袒界线，其状似俯首而行。

削发去烦

绿质，而锐处为光头也。按僧人削发，大意为除去烦扰，又有以别于俗人耳。近世俗人皆削发，僧遂无以区别。余尝谓戒律高僧，欲自别嫌明微，不妨复作佛髻，或虬须黧面，或冬夏皆衲。

披萝带荔

石黄而半偏绿，则草衣卉服者也。入山避俗，衣服冠履，必异常制。

托钵乞食

石既象人立，而中部凸出，如伸臂状也。《金刚经》，佛在舍卫国，入城中乞食，次第乞之，是佛之大同主意，不分尔我也。后世募化，则渐入恶道，犹号称托钵。

倚壁而坐

达摩面壁矣，十年中未必不倚壁也。佛之坐吃山空，亦是遗矢撒溺，随便活动，非一律枯坐莲花台上，丝毫不移。

布袋皤腹

石只黍尺五分，白透有纹，头部愈莹澈，眉目有口，皤其腹而坐。此石之妙，坐处适自然平，平又有细微纹也。按布袋和尚，奉化人，见《五灯会元》，不过一散僧入圣之流，非即佛也。以其形迹滑稽，遂为世俗重，无处不供大肚佛，且称之以弥勒。《楹联丛话》，福州鼓山寺弥勒联云："日日携空布袋少米无钱只剩得大肚宽肠，借问众檀越信心时用何物供养；年年坐冷山门接张待李总见他欢天喜地，不知这头陀得意处是什么来由。"此联落落大方，非后世白话家所能梦到。余曾得一石章，所谓乾黄也。刻布袋僧，极憨喜有态，下底已磨逼侵蚀，欲护之毋再刻磨，乃令余弟六冲镌此联，字如蝇头，镌甫及半，院内忽传语，六冲室生男，余即名之以弥勒，盖从俗也。岁月荏苒，弥勒将冠，每拟以兹石付之，使为纪念物。考《弥勒降生图》，有魏正光六年曹望憘造像刻石，凡四枚，一弥勒在浴盆，旁两狮；一佛父，王冠衣带，侍从卤薄，童两髻，牵马，被文绣，随之；一佛母，侍从仪仗，随以牛车；一刻文字，刻者风气古朴，古味盎然。石为鱼子文，搨黑如粟粒，与曲阜孔庙楹柱阶陛石同也。余侄弥勒入学，六冲又以名之曰渡，依濯、湖两儿水旁例，盖犹是佛话也。以上具体形。

动物造像

两个黄鹂

此石已详上品造像中。

老乌迴翔

质暗，白地有黑，如老乌飞而转颈也。

鸳鸯在塘

质暗，黄红蓝色纹，鸳鸯曲颈翘尾，浮于水中，水纹绕之数周。

沙洲鸣雁

质暗，黄者作雁，伸颈而鸣，其旁为水。

飞廉神禽

质暗，苍灰，有黑色作鸟，伸颈向左，有红黄色相间，烘托其颈喙，如电光闪烁，咄咄逼人。飞廉商纣臣，以其善走，故以飞廉比之。汉时铜铸飞廉，以为身似鹿，头似雀有角，蛇尾，纹似豹，能致风。郭璞曰龙雀也。董卓之乱，毁洛阳铜驼飞廉之属，铸五铢小钱，此后不复闻有其像。灵帝中平四年，铸天禄虾蟆，不云及此矣。

黄龙潜蛰

质透，欹圆形，黍尺一寸五分，白地蟠一黄龙，尾抵其首，周身黄润，晕以淡墨痕，鳞鬣湛然，如将飞动者。

长颈鹿豹

此石已详上品造像中。

雄狮蹲踞

详见上品

佛骑怪兽

即佛部之缠头骑兽也。

黄虎雕文

欹圆形，质透白，有黄纹，肖虎形。

另余造像

东坡佛印

欹隅形，斜径二寸五分，直径二寸，黄暗地，右为东坡，髯而于思，衣有直条纹。左为佛印，红衣圆满，当是金山留玉带时也。东坡相契之僧甚多，见尺牍者，有辨才、参寥、南华辩老、通长老、大觉禅师、宝觉禅师、净慈明老、径山维琳、圆通禅师、祖印禅师、开复师、宝月大师、东林广慧禅师、灵隐知和尚、宝华明老、泉老、言上人、富道人等。然世俗画东坡，有僧必佛印。一如孔子行迹必子路也。

竹木植物

欹斜形，长径二寸强，直径一寸五六，质暗色紫，有多数竹管，平破现于外面，长短不齐，平破者空中有髓，两端斜破者，及两端横截者，皆有髓，无一有节者，故不定是竹。而其破纹细孔眼，则又是竹也。余因张鸿荫言，已认定雨花石为天空流星，火成，其说见前，今见兹石，审为植物僵化，火成安得有植物加乎其中者哉？是又一大疑案。旋又有二枚，一红质，有束茎；一紫黄质，有束茎，然皆可认为像形火成也。今兹竹木则逼真，细纹小孔毫发毕露，周匝所现，或平或斜，或立或横，的确竹木实物，非如以前各石造像，仿佛大概，由人揣拟者也。不亦异乎？余于百思不解之后，设想地球凝结之时，液体未固，流星又往来相触，触而复起，起而又触，凌空纷错，灿然烂然，极其美观，可惜此时，未有人看耳。地球之一团火液，亦由地球前身变化重新，将来地球咸卤纯硝，又复火液变化，亦可知也。兹石竹木，或是地球前身遗物，又经镕液参合者乎。不然，何故火成石中又有植物耶？姑妄言之，借以质诸明达博物君子。

海底珊瑚

欹斜形，黍尺二寸强，质暗色苍黑，中有红纹枝桠，如珊瑚也。

大雪东郭

圆扁，黍尺二寸三分，质暗黑，纷披白粉，而层第凡三，如城郭也。《史记·滑稽列传》，褚少孙叙东郭先生，雪中草履无底，是此境界。

落叶满山

椭圆，黍尺三寸弱，质暗，黄黑纹，作椭圆形。次溪名为芝麻，以其多粒状也。余以为芝麻不若是大，可名落叶，唐人诗："落叶满空山，何处寻行迹。"其境颇淡远也。

落花一瓣

圆周若球形，质透白，有红一瓣，内浓而外淡，至边而白，如落花一瓣。

沤钉兽环

锐圆下垂形，周围白，而垂坠处紫黑，相晕如环，如贵人门扉之沤钉兽环也。

霜天红叶

三隅形，质透黄，有红如花，而无叶，故谓之红叶。

古砚深凹

椭圆，周匝高而中凹，如砚，次溪命名。

荸荠剥皮

周圆，顶上微凹，如荸荠去皮及芽也。

坐以待旦

欹圆，微透，白中暗白，一人坐黄茵，其旁有旭日始旦，其光正红。

龙凤刻文

方扁，质透，纹奇若龙凤。

渔舟晒网

横长形，两端微翘，中有蛋白是空虚，凸起一折，则晒网也。

黄衣狐裘

椭长二寸弱，质暗黄，有纹，一大纹若领巾，内外皆黄，故以《论语·乡党》篇词名之。黄与狐同色，古人衣服取简纯也。

拉丁横文

欹斜形，淡墨大晕中，有拉丁文字一横，约共五字，深墨凸起，其旁平洁。

霜柑初破

椭圆，黍尺一寸七分，质透，丹黄若橘柑，上面露白，如剥皮之瓤，米元章有“垂虹亭下破霜柑”诗，余深喜其破字，食柑者初破其皮，有香雾一缕，射人鼻观，移时已散，读者谅亦有验。

赤心小柿

攲圆而扁，质暗，灰色，有红色如柿，嵌于平面。柿之大者皆丹黄，小者正红。辛未八月过泰山，红柿方熟，其色特红。此石次溪名以赤心，今复赘足之也。

双树横云

立形取景者少，故不入四景，质透白，映光窥之，有两绿树，白云数层横断之。

齐泰碧血

攲斜形，质透，映光窥之，有红字是齐字，向右一转，齐字则变为泰字。齐泰与黄子澄、方正学，死于靖难，碧血即浸雨花台下。此石之字，适成齐泰，谓之齐泰碧血，仿佛灵怪。

两山夹水

长扇形，又极薄，质透黄，有紫色晕成山形。山作绿黄色，山之中间，有空曲折，如水流也。

余石尚多奇文，不可强名。姑俟将来天机动时，一鸣惊人也。己卯石记结尾。

卷五　新石绝句七十首

次溪买石，庚辰第一，以石之大小为次

八大画荷

黍尺横三寸六分、直二寸弱，质暗，色黄而绿，极净洁，有紫色横空而来，如枯树枝。其下菡萏一茎，宛颈而上。梗绿而菡萏紫，色相天然，别饶逸趣。以之拟画，惟青藤雪个有此境耳。

枯树横枝水不波，一茎菡萏自婀娜。
看成八大山人画，着墨如斯亦已多。

结茅山谷

黍尺横二寸、直一寸五分强，质暗，上绿下黄，绿中有屋一间，屋脊山尖，小窗如豆。意孙登、夏馥、申屠蟠辈，肯在其中。

乱山深处结茅屋，木叶秋风几万层。
当比虞翻更枯寂，了无一客到青蝇。

荒陵御路

黍尺横二寸、直一寸五分强，质暗，色紫，有纹双行，横亘中央。仿佛旧时铺石御路，近代朱明南北陵，依然无恙也。

象驼夹对石模棱，宿草萋萋霜露凝。
疑有担簦漫游客，孝陵哭罢哭思陵。

溪谷梅花

黍尺横二寸强、直一寸五分弱，质暗微透。黄冈斜上，粉白梅花，纷铺百余朵，其下绕以清溪。左旁一洞，似佛龛之凿于悬崖也。

如此丰姿已绝尘，更深溪谷不通人。
奇香喷发谁知识，白鹤玄猿是比邻。

攀木猕猴

黍尺横二寸、直一寸三分，质暗，黄红极润。一猴黄色，前两臂伸直，若攫于木，后臀右股宛然，尾垂其后，头面上广下锐，眼眶深凹，色红。

如鸟移枝神自王，鸣声尤鼓吹诗肠。
他年倘作瞿塘客，听遍巴东三峡长。

西湖一隅

黍尺一寸八分、直一寸五六分不等，质暗，白而淡绿，杂以黄紫。有纹曲作长堤。画界清楚，如游西子湖上也。

长堤一线画西湖，白水青山前后区。
绿色苍茫浑不辨，是为白也是为苏。

江东云树

黍尺横一寸八分、直一寸四分，质暗，蛋白为一面，绿色映隔故也。蛋白中绿树相参差，白云缭绕之，大似杜甫怀李白诗“渭北春天树，江东日暮云”意。每诵此诗，增无限怀人之感。尺牍寻常客套，用斯语者太多，转觉泛泛矣。

杜诗怀李老弥工，千古交情在个中。

我有张翰一知己，秋凉今适客江东。

芝罘海湾

黍尺横一寸八分、直一寸四分，质微透，中央清水，环以绿山，芝罘湾也。戊戌春，泊舟南望，烟霭山亭，疑为齐景所谓转附秦始皇射巨鱼处。顷晤曹居敬，乃知山亭为烟台，其西北对岸为芝罘，盖当时芝罘，适在余身后也。齐景公问于晏子曰，吾欲观于转罘芝罘朝儛，遵海而南，放于琅邪，吾何修而可以比于先王观也。按景公欲游观芝罘，成山角，循海滨西南历崂山青岛，抵于琅邪台而还。古昔先王，必多游观此地者，书史失载，当在三代承平时矣。今书史可考者，齐景公后，越王勾践二十五年，徙都琅邪，立台观以望东海。秦始皇二十八年，上邹绎山刻石，上泰山刻石，并渤海以东，过黄腄，穷成山，登芝罘，立石颂秦德，南登琅邪，大乐之。留三月，徙黔首三万户琅邪台下。复十二岁，做琅邪台，立石刻颂秦德。二十九年，登芝罘，刻石，其辞曰：“维二十九年，时在中春，阳和方起。皇帝东游，巡登芝罘，临照于海，从臣嘉观，原念休烈，追诵本始，大圣作治，建定法度，显著纲纪。外教诸侯，光施文惠，明以义理，六国回辟，贪戾无厌，虐杀不已。皇帝哀众，遂发讨师，奋扬武德，义诛信行，威燀旁达，莫不宾服。烹灭强暴，振救黔首，周定四极。普施明法，经纬天下，永为仪则。大矣哉，宇县之中，承顺圣意。群臣诵功，请刻于石，表垂于常式。”其东观曰：“维二十九年，皇帝春游，览省远方，逮于海隅，遂登芝罘，昭临朝阳。观望广丽，从臣咸念，原道至明，圣法初兴，清理疆内，外诛暴强。武威旁畅，振动四极，禽灭六王。阐并天下，菑害绝息，永偃戎兵。皇帝明德，经理宇内，视听不怠。作立大义，昭设备器，咸有章旗。职臣遵分，各知所行，事无嫌疑。黔首改化，远迩同度，临古绝尤。常职既定，后嗣循业，长承圣治。群臣嘉德，只诵圣烈，请刻芝罘。”按始皇二十八年登芝罘，立石颂秦德，二十九年登芝罘刻石，《史记》此文最明白，立石时未刻，明年始刻石也。二世元年二世东行郡县，李斯从，到碣石，并海南至会稽，而尽刻始皇所立刻石，今踪其迹，由碣石而芝罘、而琅邪台、而泰山、而会稽、而邹绎之途径先后，已不可知。李斯原刻，泰山存有残石数字。琅邪台同光间一旦失所在，云毁灭于雷火而沦海。余尝疑之，石不引电，即碎亦当存有残余，何遽杳无踪影耶。今碑客鬻拓片者，确有琅邪原石，是必古董家秘谋藏其石，居为奇货，而声言毁于火耳。芝罘与碣石、会稽三石，近日无拓片，其沦没当久。邹绎刻石为魏太武所摧仆。余每谓芝罘碣石会稽邹绎刻石，必尚有残余沦坠于沙石间者，游其地者倘留意搜觅，安知不如蒋因培于玉女池获泰山乎。

芝罘半岛状如芝，刻石秦皇丞相斯。

妄意残余在沙石，今犹待我拾其遗。

膃肭海狗

黍尺横二寸弱、直一寸，质暗，黄润，形如卧犬，曲腰欹首，其尾阔大非犬也。腹下蛋白如雪，初名石狮卧雪，凡石狮多蹲踞者，此则活动物也，因以膃肭名之。膃肭产东海，本草云产三佛齐，盖两栖动物，药肆旧名膃肭脐，今名海狗肾。

药物珍谈膃肭脐，狗头鱼尾海滨栖。

即今人指南洋岛，旧日瓜哇三佛齐。

《元史》曰瓜哇，今曰爪哇。

石佛高髻

黍尺横一寸八分、直一寸四分，三隅形，如菱角，扁厚不及五分，质透，莹澈如玉，一偏淡红，全体细纹，极为繁富，有微妙处，显微镜始见之，中有暗白，矗然高髻大石佛也。佛傍倚狮子，黄红色，张其吻，又类占画佛像。

云冈造像皆高髻，大佛岿然此露天。

狮子更添图画好，如吴道子李龙眠。

泰山盘道

黍尺高一寸八分、宽一寸强，立幅景也。质暗、上端白处，微透天空。两傍黄绿，崖壁相倚，中有蜿蜒一线之径，由下而上，以达空处，如泰山盘道，掩映窥见南天门也。此道凿山而上，望天如坐井，达泰山绝顶者，只此一孔，疑非秦始皇不能开。

昔我攀登十八盘，吴牛大喘仅延残。

眼前已见天门阙，犹有云梯百步难。

龙门造像

黍尺横一寸五分、直一寸三分、厚八分，质透，蛋白凸有纹，如佛像错落岩间。其下横纹似水，左侧山崖对峙，与伊阙龙门大致正相似。魏孝文帝都洛后，佛事盛兴，伊阙造像，小者类人手指，碑拓至有五百之多。

龙门造像踵云冈，更记伽蓝盛洛阳。
佛事本无关国事，犹觇拓跋魏人强。

田沟画绿

黍尺横一寸七分、直一寸三分、薄仅四分，质暗微透，色泽浓润，红紫淡然，有纹作界。深凹淡绿，如野田塍畦，霡霂霑足时。年来兵燹饥荒，民生残困，惟稼穑之宝，尚可济时。而驱犊披蓑，诗画中固清逸，实境则反不易臻也。

沟洫分明画界均，水痕草色布阳春。
吾何修到陶唐世，作个耕田凿井人。

龙虎刻文

黍尺横一寸六分、直一寸一分，质透，色灰白，一端有纹，肖龙上而虎下，无所成名，因以黎秇塘先生诗两句作起以寄慨。余尝谓先生书，以汉碑笔构右军间架，愈奇愈正，愈正愈奇，即钟张复生，亦当惊服，而况唐以下乎。惜知者甚尟。

龙虎气高星日月，风尘人老剑书琴。
黎公书法超千古，举世皆盲无赏音。

黄衣道人

黍尺高一寸六分、宽一寸三分，立形也。质透，通体黄润，莹澈如琥珀，有圆纹，若珠玑白色。石形上锐，如人首颈，故以道人名之。将来得列十八阿罗汉中，集数不拘，以千佛称之。石偶游戏，余又为首创之人矣。

道人伛偻着黄衣，似向山阴道上归。

内史写经三日后，墨池来一看鹅肥。

趵突老泉

黍尺横一寸六分、直一寸三分，质透，淡灰紫色，纯润莹澈，有纹重叠环绕，中央凸起，如趵突泉之天然涌起处，郦注水经所谓水涌若轮是也。余辛未始至泉侧，其东则近人置筒，激之使高，势如冰注。虽为壮观，而声音噪聒，使人不宁，粗俗已甚。

齐鲁何由会于泺，相招半为看斯泉。

因知水涌如轮久，不始桓公十八年。

江上数峰

黍尺横一寸六分、直一寸弱，质暗，中间蛋白微透，如长江，江岸数峰排列，钱起《湘灵鼓瑟》诗“曲终人不见，江上数峰青”也。因忆柳宗元《渔翁》诗“烟消日出不见人，欸乃一声山水绿”，非自为之，乃从钱起诗攫来者。

湘灵鼓瑟尾声奇，柳氏宗元曾学之。

欸乃一声山水绿，也思到不见人时。

梦醒黄粱

黍尺横一寸五分、直一寸二分，凸起形，而黄色圆珠，黍饭新熟，黄色之嫩，莫与比伦，拟于黄粱，只好是邯郸梦醒故事。人所习闻，故以名之。若鸡黍二字见《论语》《汉书》，较为典重，但余痛嫌古人之好杀，沿数千年，未除恶习尽也。

十年想走邯郸道，两获日丹占币文。
吾梦每从秦汉上，唐人小说附余闻。

绿荫圯桥

黍尺横一寸四分、直一寸二分，质暗黄润，衬以绿色，有一横亘特形，凸起极粗之淡绿，状似土桥，而草树荫之，李白诗："我来圯桥上，英钦怀古风。"东坡亦谓圯上老人隐君子，不知留侯托言黄石，欲从赤松，所以免大夫种耳，留侯诚妙矣哉。

授书进履情如画，沂水今犹有圯桥。
都是留侯制乌喙，诗文千载妄喧嚣。

香盈怀袖

黍尺一寸四分、直一寸二分，质暗微透，全体红润，嫩软如蜡如饧，捏之欲瘪。有杂花鲜美，如新掐者，一朵粉白，圆而中空者似梅，一朵淡红，一朵浓黄，一朵透白。《古诗十九首》，"馨香盈怀袖，路远莫致之"，意其人或当宫锦红袍也。

欲折庭花遗所思，馨香怀袖满芳姿。
宛然宫锦红袍上，刺绣新添五色丝。

霞绮山村

黍尺横直各一寸三分，方而略欹，质暗，上端空白，半作曛黄，如霞之绮。中部右为堆蓝高峰，峰下有树有屋。再下为白水，右亦绕屋有树，濒于水边。由此远看，红霞绿树间，一珠圆顶，白塔之尖，矗然可见，山村景也。

堆蓝山色映霞添，村落依稀水一奁。
古寺浮屠十三级，树中掩密见其尖。

荷盖曲柄

黍尺横一寸三分、直一寸，厚如直，质暗，白水绿荷，大盖曲柄，野荷也。余乡无水，沙渗不能为池。村人锅瓮种荷，殊嫌其闷。西五十里，有村曰胜芳，滨滹沱，俗称东淀，种荷甚多，广袤十数里，每与人约，买舟一宿荷田明月中，蹭蹬至兵乱，不果行也。

大盖齐擎曲柄荷，野塘千顷漾晴波。
眼光到此一开展，不是瓮缸与铁锅。

西湖泛舟

黍尺高一寸三分、宽一寸，立景也。左傍绿树参差，有二小舟泊之，白水清远，可拟西湖。余生平未到西湖，然终不忘。年来屡见照像及各记载，西湖太近人情，日趋于俗，恐已失天然之雅，清幽转为喧嚣矣。

争说西湖秀可怜，东坡也挟妓游船。
他年我见钱塘面，或悔劳心四十年。

曲崖飞瀑

黍尺横直各一寸一分，质有蛋白清透处，居上端。其下色青黄处则暗，青黄为树木岩石。左一悬岩横空，右则峭壁，相倚以树，中间飞瀑，从天而下，势不可当，旋折回环，有如弓字，至下崖黄石穿过，曲垂而下。

悬空飞瀑白如霜，三折回旋势愈狂。
崖石相形新画色，中堆蓝靛下藤黄。

悬崖人迹

黍尺高一寸三分、宽八分，立景也。上端黄红透润，纹如高壁之有屋舍，下半白透如江水。忆麟见亭《鸿雪因缘图记》，沅江有机岩之异，山半有灶有船，不知从何而上。意为先世避乱之遗痕，此石大略近似。

百仞悬崖昔有人，灶厨门外一船陈。
桃源记是凭虚撰，沅水中流实避秦。

瞿塘滟滪

黍尺横一寸二分、直一寸一分，质透，白水有绿，又一黄色欹圆形者，当中略偏，如滟滪堆之在江心也。《水经注》曰滛滪堆，冬日水落，则堆高二十余丈，夏水涨流急，最险恶。语云："滟滪大如牛，瞿塘不可留。滟滪大如马，瞿塘不可下。"

江流三峡出巴东，滟滪堆名骇浪中。
蜀道之难此为最，危于剑阁石巃嵸。

珍珠一斛

黍尺横一寸二分、直七分，质透黄润，浮以暗白圆珠，不可胜数，中一大圆圈，如贮器，故名珍珠一斛。石崇买绿珠以珍珠三斛，古昔珍珠之多，亦可概见。吴王夫差与楚隆一箪珠，贮珠以箪，见古人之拙而朴雅。《左传》一箪珠三字，使人如观画图。

量珠买妾石崇豪，一斛加增三斛高。
合浦蜒人齐下泪，抛珠不识采珠劳。

千佛山头

黍尺横一寸二分、直七分，质暗，淡黄，做多数圆纹，可拟佛也。中部深灰色中，有一方形龛洞，坐大小佛各一，因以千佛名之。余于登岱之后二日，至济南，仅造千佛山半，但见泥塑大舜娥英，因未得高攀见古佛也。闻人云已多失形。

济南千佛坐南山，昔我游时未尽攀。
不见北齐东魏迹，娥英土偶竟云鬟。

碌碡麦场

黍尺横一寸强、直七分，质暗，灰色，有纹，纹细直而密比，两端参差不齐，作黄色，如大麦之登场也。村居物候，往往动人感怀。每夏至麦熟，碌碡之声，必与鸣蜩相应，《豳风》五月鸣蜩是也。其声细嫩，由高而低，低极则又骤高，节奏美妙，不似蝉之噪夏。

碌碡场中麦已秋，黄金铺晒小棚楼。
豳风五月鸣蜩里，多少田家乐事稠。

秋水野船

黍尺高一寸强、宽七分，立景也。质微透，白水平远，有一小舟，横波而来，意甚清旷。沙土村人，终风且霾，何以得此。余少年，一次由王庆坨往杨柳青，取道于水，自瘸柳树至杨芬港，七八里间，舟行菱角叶间，甚趣。至若北堤夏涨，浑河猛于黄河矣。

秋水才深四五尺，野船恰受两三人。
桑乾河畔鼋鼍吼，谁敢乘槎一问津。起用杜诗。

树下老人

黍尺横一寸弱、宽七八分，质暗，凝白之中，绿树参天，树下似有人坐也。世界之上，得一休息，即一解脱，禅语每有此意。余谓休息之地，本无一定，要以树下为宜。树下意味，野人享之，而不能言其妙也。贾长江“数息树边身”句，自谓十年所得，其庶几乎。

树下真为自在人，爽清万绿隔红尘。
世间多少层楼客，六月无风密比邻。

绿阴飞瀑

黍尺直径七分之周圆石也。平扁，厚约三分，质微透，白洁无疵，而绿树参差，景色幽雅。左傍有蛋白，澄清一缕，上狭下阔，恰好飞瀑。因念司空表圣《诗品》，“眠琴绿阴，上有飞瀑”，与此景合，但琴声最忌近瀑布声，岂眠琴只指卧琴而言乎，抑又滞矣。

佳境幽闲是绿阴，瀑飞到此有清音。
司空未了琴中事，闹境何堪眠古琴。

疏林直干

黍尺横直俱六七分，方体石也，质透，白中绿树如林，疏而清透，虽不扁片，映光愈真。前游曲阜，见道上松桧，大多老干无枝，孤孑有态。涿之楼桑村土偶祠中，有柏数株，亦有若此者，然皆不若兹石中疏落风景也。

林疏竟欲一通行，中有仙禽钟磬声。
曲阜东城旧游径，老松孑孑似干旌。

黄石小桥

黍尺横七分、直六分，质透，蛋白甚清，黄纹凸起，有穹隆似桥者，桥中一人，隐其间而露头部，一人自桥过，而向右伛偻行者，经履大石，高于桥中人四倍，其人右行之意态逼真，决不是从右方来向桥者，以其伛偻也。

村居无水更无桥，终日风霾燥且焦。
罕见石中黄石孔，一波如看浙江湖。

长松倚壁

黍尺横七分、直六分，菱隅形，质暗，左傍蛋白为空隙，右傍绿色，一松高倚崖壁，下方云壑松涛，苍翠相称。辛未登岱，见秦五大夫松，已非秦物，其他松树，亦颇有奇特者。按五大夫者秦爵名，见《史记》。今琅邪台原石，第二行，五大夫杨樛，是也。

陡壁千寻认泰山，长松相倚不虬弯。

大夫似慕秦丞相，书石从旁作仰攀。

白波绿藻

黍尺横七分、直五分，质透，白中有绿，色过深暗，以显微镜窥之，始见灰黄之绿。今之名亦袭去年旧名。有一石薄片，可映光而透者，次溪名之曰水藻石，余谓水藻不绿，终不称名。此石水藻亦尚非正绿。今锦州石，俗称藻菜玛瑙，乃逼肖矣。

白水无波净似揩，秋深绿藻欲藏蛙。

医巫闾在辽西境，所产珣玗琪最佳。见《尔雅》。

次溪买石，庚辰第二，以石之大小为次

枯树心空

黍尺横三寸、直三寸五分，立景也。质暗，色黄，有纹丹黄，作老树根皮，且多空窍状，孤干欹倚，了无枝柯。

生机去尽已无枝，犹有风霜老骨皮。

一读子山枯树赋，苍茫千载动遐思。

豆棚瓜架

黍尺横二寸五分、直二寸七分，立景也。质暗，白色，有黑色浓淡如墨画，且大似徐天池豆棚瓜架也。此石初到，玩其象，久无成名，赵鹤一在村理艖，日盼新石，及见之，大呼云，此豆棚瓜架也。墨痕之外，围有边际，尤觉秋雨淋铃，凄凉有态。

人生佳味是园居，微雨新凉八月初。

扁豆有棚瓜有架，楼台环珮又何如。

石窟蒲团

黍尺横二寸五、直二寸七分，质暗色褐，有黑纹重重，绕作一大遭，其中空地，有一佛像夏坐，坐下圆若蒲团也。夏坐二字见晋法显《佛国记》，不知其坐若何，大概即踞坐，异于礼敬跪坐也。跏趺即今高坐而交足，唐以后佛像足拗向上，非是。

世尊敷坐似蒲团，仿佛其傍来阿难。

不论云冈与伊阙，都从雕石窟中看。

土墙苔雨

黍尺横二寸、直二寸五分，质暗，黄色如土，露于绿苔之缝隙，绿苔茸茸均铺，色极鲜润。余性爱苔，宅居阳燥，种石亦枯。村之北端，土墙迤逦，其阴苍苔厚叠，得遂其生，盖境界在树下，又北面向野故也。余尝抉起其土片，种之石上。

苔于植物是微生，耽玩人偏别有情。

移自土墙种拳石，松杉百尺列山城。

送别南浦

黍尺横二寸、直一寸二分，质暗，淡绿参差，作数层土股状，白处为水，淡绿可拟春寒北方风景。忆童年读江淹《别赋》，有“春草碧色，春水绿波，送君南浦，伤如之何”句。古事古情，宛然尚在，今之送别者，已无此感，因亦无此境也。

春草初生春水波，送君南浦感如何。
江淹别赋今无用，绿色依然古意多。

钟乳洞寒

黍尺横二寸、直一寸二分，质暗，色淡墨，多圆纹，作种种形状，如钟乳石之在洞岩也。游人入洞者，每云深处石乳下垂，令人寒飒。夏日炎蒸，若得一入此中，较楼阁开窗之快，别有滋味，所谓固阴冱寒是也。

每从炎夏忆深山，深入深深洞转湾。
钟乳倒垂真似乳，寒泉流出碧潺潺。

江湾红树

黍尺横二寸、直一寸二分，质微透，白地有红色如红叶，世传红叶多是枫树，故曰丹枫。此树得微寒变色，而叶未落时，极为鲜艳。古人作诗，好写其景，至有“霜叶红于二月花”句，明清间，太原傅青主先生，自号霜红龛，亦其意也。

一生想煞江南好，图画空看扬子江。
只有三家村里树，西风落叶打蓬窗。

朱砂点梅

黍尺横一寸八分、直一寸二分，质暗，灰白，有黄白纹圈，陡来横枝作绿色，枝上蘸红，如梅未开之蓓蕾也。北土冬寒，种梅不得，惟于盆中作小景耳。鬻者以桃杏根接梅枝，亦取土宜也。其曲屈龙蛇，未免太俗，大失梅花本来状态。

从右横垂两绿枝，朱砂小点倍添姿。
梅花未放精神壮，正是初生蓓蕾时。

独坐空山

黍尺横一寸三分、直二寸，立景也。质暗、色白，一人形危坐，为凝白，甚明析。《庄子·徐无鬼》篇，有逃虚谷，闻入足音蛩然之语。晋时有孙登，隐于苏门山，阮嗣宗往见之，终不与语，即其类也。此石之形，颇仿佛之。

恼人世界太纷繁，无怪焦先不欲言。
逃入虚空无闷处，孙登以外有虞翻。

兰泽多芳

黍尺横一寸五分、直一寸三分，质暗，色多黄绿，如杂花之丛生于泽陂。有数朵凝白，一朵淡红者，最明显。下端黄土，参差若水滨。其旁有蛋白澄清处，如露如水。《古诗十九首》“涉江采芙蓉，兰泽多芳草”，绘景古远，使我移情。

既云兰泽复多芳，异草奇花岂可量。
十里南风送香气，楚辞声里古沅湘。

苇塘寒鹭

黍尺横一寸三分、直二寸，立景也。质暗，色淡灰而黄，有芦苇一茎数叶，在左方，右下有鹭鸶，一足立，颈曲咀伸，甚清凉也。黄山谷尝问人藏画有鹭鸶等，盖亦深喜之，画家画芦雁者有专派，取其秋风萧瑟，有无限感慨也。此石之鹭鸶，但惜未白耳。

萧瑟西风芦苇黄，鹭鸶孤立自清凉。

水光反映天光换，不见花间羽上霜。

秋山如粧

黍尺横一寸六分、直一寸一分，质暗，色复，青翠甚鲜，而遍体红点如红叶，以其托在黄色，故名秋山如粧，不得谓之春景也。此石为幽默派，其妙隐微，乍见以为枯槁，置水中则色相纷呈，玩索可终日不尽。

霜天红叶似红花，况有青山相映斜。

老眼韬光三十载，睫毛今日不重遮。

沆瀣霞光

黍尺横一寸五、直一寸四，质暗，白润如玉，半边微黑，渐而深黯，如五更天色，东方爽白，西方昧暗，《尚书·牧誓》所谓甲子昧爽也。此时空气新鲜，养生吐纳者所云餐霞，即于此得日光耳。此石中央有黄纹一缕，作大圈。

五更沆瀣气新鲜，幻出霞光一大圈。

清浊吐吞人健壮，可知早起即神仙。

急雨打蕉

黍尺横一寸五、直一寸二，质暗色白，有深绿芭蕉，一叶极破。而石之白纹，平铺斜出，如大雨之注也。芭蕉绿天，为永州僧舍之佳况，至今犹然，前年郝生行军至永州，来函附有蕉叶，与峿台之篆文同寄也。

为听雨故种芭蕉，绿满窗前静不嚣。
一夜风雷忽喧沸，可胜达旦又连宵。

风雨重阳

黍尺横一寸五、直一寸二，质暗色黄，与绿纹相杂，如云树风雨吼声。老友赵雨汀画山水仿大米，每用满城风雨为题。余亦续潘诗数十首，马朋翁于重阳归家，赠诗送别，又用潘句作起。庚辰冬初，余纳租，赠齐子年粮长，则起句为“满城风雨远重阳”。

满城风雨近重阳，淅沥秋声入夜凉。
此景更于何处觅，石中云树乱苍茫。

凤凰来仪

黍尺一寸五分、直一寸三分，形扁而欹，质微透，色灰白，有暗纹，直立如石笋，右方有凤凰小形，宛颈而下，红绿黄色，绚采如生也。近日世界开通，万物呈豁，博物列馆，独无凤凰，佳种易绝，岂其然乎。孔子叹凤鸟不至，盖已久矣。

虞廷实记凤凰来，感召声音也异哉。
如此人文如此鸟，何时世界又重开。

《豳风》图画

黍尺横一寸五分、直一寸三分，质暗而粗，色为青莲紫，紫中参白霜。最奇妙者，一部凡十一人形也。男高冠，童朱衣，叟黑衣，女淡青衣，手牵稚子黄衣，饭牛人浅黄衣，又三人淡红黄衣，极清楚，如画田家图者。

桃花源记写豳风，黄发垂髫入画工。
红绿各呈颜色好，寓形都与寓言同。

雨珠水泡

黍尺横一寸三分、直一寸三分，质微透，白中有暗白圈无数，精圆如珠，拟其景则雨珠水泡也。大雨倾盆，孟子所谓七八月之间雨集，沟浍皆盈，是时平地水流之中，雨点打水有声，骤起珠泡，陡起陡落，农语以为连雨之征。

泡影精圆万斛珠，倏然为有倏然无。
眼光看破人间世，焉用烦忧与快娱。

古锦琴囊

黍尺横一寸四分、直一寸，质粗暗，色黄，有润细之黄色一横披，黄中有碎纹，黄之上又有朱红色一横披，其界极清，如两衣顺置相依之状。拟以黄者为琴囊，而以朱者为其副或复，是固牵强，然亦不悖乎义，以此知命名造像之难。

囊琴惟恐剥琴肤，又恐琴囊再垢污。
什袭欲先重袭锦，故教黄外又加朱。

林塘路转

黍尺横一寸不等，直由高尖至平底，则一寸三分，乃三隅形也，质透白，有黄处极细润，有紫墨山林重叠环绕，如泼墨溪山图画，倪、黄所不能为也。其景幽邃，又可迴转其石而看，亦皆有峰峦树木，途径曲折。

墨痕黯黮雨如烟，右有疏林左下泉。

此画不知谁所作，清超疑是李龙眠。

山梁渔樵

黍尺横一寸三分，直同，质暗，白有绿纹，作溪山桥梁人形。世多以渔樵为高隐，宜指严子陵之渔，钟子期之樵，若庸俗为之，亦颇无状。余尝樵于野，而自愧采薪旧名也。至渔之为事，余独以为似猎，犹太古以来腥秽残杀之俗未净尽也。

山梁横处水潺潺，松桧龙虬倒影弯。

樵子渔人相晤语，不知身在白云间。

洗鹤湾松

黍尺横直皆一寸二分，质暗，白凹而绿凸，绿者如老松也。泰山之松有五大夫，今已是新植。余松亦奇，惟洗鹤湾之松，余仅见之书图。辛未登岱至巅，登日观峰而下，实未一至岱阴、后石坞洗鹤湾诸妙境也。

昔余登岱白云间，未得游观洗鹤湾。

图上苍苍老松影，此心已到北天关。

雪里芭蕉

黍尺横直皆一寸一分,质暗,绿遍全体,有白纷纷,如雪集蕉叶也。蕉宜江南热带,殊少雪。北方有雪而不宜蕉,雪里芭蕉为难得也。上年余与友人种蕉,冬裹包太密则烂,太疏则冻,不易为之谋生,卖花人冬置花窖中,不水不土,尚能御冬。

北土凝寒莫种蕉,北风吹破雪飘飘。
辋川别有江南气,留得三冬叶不凋。

蚩尤红旗

黍尺横一寸三分、直一寸,质暗色红,红遍全体,中有红纹,方斜而折,如旗之招展也。旧说星宿有蚩尤旗见,则有兵事。此陋见,星何物乎而名旗,又名蚩尤,真小儿语,况蚩尤未必如何,历史有作乱名号,安知非一方面之词耶。

蚩尤作乱见周书,世事难凭实与虚。
倘使红旗能获捷,安知涿鹿不先墟。

角枕粲红

黍尺横一寸三分、直八分,质暗,色红,有一端细纹作方折形,如枕之角。《诗·葛生》篇,“角枕粲兮,锦衾斓兮”,序以为刺晋献公也。角枕锦衾,为物不雅,而命名之难,有不可避者。上年张轮远有石如锦纹,余名之以绣被,亦其类也。

欹侧真如角枕形,粲兮一语见诗经。
千秋同恨骊姬乱,不忍连篇读采苓。

双井人归

黍尺横一寸二分、直一寸，质暗而粗，有蛋白蒙其上，微红色，有纹如人，背双井而去也。纹之黄而圆者，平列如双井，忆黄山谷钟陵家山有双井，山谷卒客死于宣城，竟未得归双井。古人多以狐正丘首为宜，今以达观之，固亦不必尔也。

豫章双井产名茶，名士黄山谷是家。
可惜黔中荆渚后，秋风秋雨老天涯。

小树丛林

黍尺横直各一寸强，质微透，白横纹如烟云，其中有绿，条条直上，如小树之丛林也。北人于清明之前植树，后遂以清明为植树节。植树惟柳最易活，横栽倒植，不庸有根，潮润土中，即能生蘖。古人送别折柳为赠，取其随地相宜也。

亭亭小树尚无枝，好似清明植树时。
一两声中鸣布谷，桃花村外雨如丝。

落霞孤鹜

黍尺横一寸强、直八分，质暗而粗，有微红处，一淡绿之鸟。因以落霞孤鹜名之。王勃《滕王阁序》，“落霞与孤鹜齐飞”，其句脍炙人口，实袭取庾信《华林园马射赋》，“落花与芝盖齐飞”语，工力俱不逮也。然在幼年能读庾信赋而效其体如此，不已奇乎。

鹜好群飞本不孤，滕王阁赋语偏殊。
石中造像能如此，翻为谰言证不诬。

宜兴砂器

黍尺横一寸、直八分，质暗，有紫泥一面，如壶状。按宜兴在孙皓时刻石，苏建书，记祥瑞，为封禅国山。东坡自海南还，将于此买田，为菟裘计。今则以陶器名于世，然色红紫，未免太俗，近有灰色者颇淡古。陈曼生手制壶，大概是红紫。

宜兴陶制紫泥砂，饮器宜于酒与茶。
我爱太行山石铫，黝然光泽似乌鸦。

灞桥柳色

黍尺横八分、直一寸弱，质暗，色黄，有横纹如桥，桥上右傍有淡绿，因谓之柳，而名以灞桥。汉唐都在长安，往来冠盖，恒由灞桥，折柳送行，人物繁盛。是以郑綮“诗思在灞桥风雪中驴子背上”，为诗话中有趣之一。

长安东去路迢迢，送客人都到灞桥。
一片青青杨柳色，汉唐或有旧枝条。

菊傲霜枝

黍尺横直各九分，质暗，白而有绿，绿中黑紫，如菊叶之霜侵者，中有白菊一朵，圆若馒头，蕊瓣纷然，微带淡黄，似由白而老也。菊本清逸，玩者多失雅，一因必取整齐，平板无态；一因盆制形俗，有如售者。世称陶渊明爱菊，而效之，陶固不尔。

菊花晚节傲寒霜，洁白之余转欲黄。
有似老人须发色，同征儿齿寿尔康。

溪声霜叶

黍尺横九分、直八分，质暗，有黄紫点，如木叶经霜，厚积于溪水边者。如闻其声瑟瑟然，溪流与叶落相杂也。如叶落溪中，随流飘荡也。苏迈诗：“叶随流水归何处，牛带寒鸦过别村。”写景清旷，诚为诗中之画矣。右林左泉，俗传比干墓篆，谬妄之极。

惟右为林惟左泉，其中居者即神仙。
一年好景难详记，最是溪声霜叶天。

旭日霜林

黍尺横直各七分，质透白，中有枝条，若枯树之经霜。其左方红日一轮，鲜艳夺目，似晴空晓色，相映带也。日月之照，随境不同，背晨光而西望林园。惟霜雪后之雾凇，尤为奇绝。前年与人结社，有诗题为雾凇，连犷曾数首。

旭日三竿特别红，朝朝升自寺林东。
忽然一夜霜寒重，倍觉西山万象空。

竹窗风雨

黍尺横直各五分，质暗，白中绿纹，如乱篁丛密也，屋以窗为要，窗外以竹为幽雅，竹之声风雨为幽雅。东坡书牍，“纸窗竹屋，灯火青荧”，未必是编竹之屋，当是竹中之屋，尤觉有味，王子猷所谓“不可一日无此君”也。

草庐窗外竹娟娟，冬怕风寒春怕干。
只有夏秋交界候，潇潇十日雨连绵。

卷六　次溪来函说石案语

秦淮河畔，遇售雨花台石子者，曾购两篮，以为长者清供。仓猝北返，路途多阻，未能携带，留存友人家，容即嘱寄来，当邮呈也。

次溪于戊寅冬赴金陵，余函云，无他言，为我买雨花石子，是要事。岁杪次溪旋燕京。此己卯春间又赴金陵，来函也。

雨花台石，近来购得甚多，因邮寄暂时不便，拟稍迟付邮。石子大小及花纹以何者为贵？便乞详示。

次溪此时，未能谙石。

兹得公示以雨花石选择法，甚佳。即刻将数月以来所得石子取出比较，竟无一可与兄所示之点相符者，奈何奈何？容即依法访之，恐不能多得耳。尊著《雨花石记》，如字不多，可摘要抄示一二为盼。

余告次溪，两篮无佳石，可勿寄也。曩昔亲友往金陵者，皆先得篮中物，而后稍稍知石，则尽弃前石。故知初买两篮，必无佳品，又告之以选法，故云尔。

石子日内即寄，恐未见佳也。中有一石，天然似蛙，亦以奉赠，但求公报我以诗。《雨花石记》弟当为长者印之。俟弟行止定后，再寄来，否则恐遗失。

次溪此时，渐能知石。

大雨之后，稍觉凉爽，连日游秦淮，为公觅石，小有所获，计数十枚，较前似有进步。前日石人语我，近得奇石二十一块，问我能出大价则予观，弟诺之，旋从房内持出，真不虚言，尤以水藻石、莲心石、鱼目石、鲸形石等为奇特。为爱不忍释，惟索价贵，往返三日，始于昨夕购妥。把玩一夕，遂使弟爱石之心与兄俱生。水藻石向光透明，水草根根见底，莲心颇似莲子之心，碧绿亦极神肖，此间同人亦以为难得，不可遇。惟念兄爱石成癖，石逢知己，亦天地间大快事，不敢以弟一念之爱，遂使石不得受知于兄，贻石之恨，未审公爱之否？在碧纱笼占第几位子，是均弟所极欲一闻也。得公指导，想有进步，另以字号标记，乞公为我指南，能将大著石记，从速寄来，当按图索骥，更有所得以慰长者。即弟此次南来，为长者觅石，亦一生平可慰之事。颇望长者以诗报我，并请即以得石详续于大著石记中，使我此一番觅石经过，永留天壤间，亦一快事也。

水藻莲心，动听如此，实亦未至极佳，各有眼光耳。惟次溪买石之精诚，令人感佩。虽游戏小品，存乎其人，可以不朽，豪俊见解，又能振起颓靡。

正将石子嘱人持往邮政局发出，又作长函亦已寄出，未及半钟，忽绿衣人持大著《雨花石子记》来，喜极欲狂。年来南游精神痛苦，为之洗涤净尽。当日日为公往觅石也。今与公约：

公得石，必须以诗报我，并须即撰续记寄来，俾补入记后，以存吾两人精神之所寄。使后世知此尘俗中尚有吾辈为支撑。公勿谓我好名，实此天壤间如此怪物亦不多也。记文似亦公所写，俟返平时，当以原本影印也。

次溪对我真挚如此，约续作记，忽忽因循，将及一载矣。今写至此，颇愧余之呰窳。

石子有如扁豆大小之透明而无杂色者，弟以其似机制，不甚喜之，未审公喜之否？石质以透明者为佳，抑以不透明者为好？若一色通红或通绿，似亦特品，未知以石论能臻上乘否？均乞示知！顷得石记，真同得中航空券五万，不及此乐。更甚喜者，弟未去金陵之前，得此书以证缘，尤快也。顷得绝品二十一，尤以前三为佳，昨夕怀之而卧，不忍割爱。念公为千古有识之人，不忍令石埋没，三再思维，故宁使我割爱，不愿使石交臂而失知己，故毅然寄奉也。弟顷又有一解，石若离水久，或失活气，离水一日，须入水一月，方能复元，未知此为弟特别发明否？

余尝置石枕畔，醒而见之，谓小殉葬，其说为次溪所取乎？入水一月方能复元，此则未可，其说已见鄙记中。

秦淮河畔，夫子庙中，售石者今只一家，生意亦少，我曾问之，每日至多数元，或三四角，于以见知石者少也。

我初固无石癖，近得绝品，亦启我好奇观念。水藻石得天然之奇，谅系百年前水藻与水锈融合而成。公谓石不宜常浸水中,亦颇有理。然此水藻石,本系植物与矿质合成,若终年或累月不以水浸之,则水藻心枯槁无生气也。不独此也,即如公之所藏,群石之中有如草如花之石,虽为矿质,亦含有植物性,似皆宜时时浸水或以之浸入湿土为宜,此皆弟一念,未审有当,或蒙公赏以为首创之谈,亦未可知?昨晚冒暑,为公又赴夫子庙觅石,适售者未至,今晚当再往访之。公为并世不可多得之人物,弟得与友,亦有生大幸。石亦我所爱也,得佳石虽爱不忍释,然终必寄奉,不忍以一念之爱,使石终不得遇知音,则我不啻千古罪人。公勿谓我为客套,实真心之语。金陵气候不正,加以无真知己,使我厌甚。公欲为卖石人,尚非其时,缘石之来源,不便迳取,且赏音亦无人,不如弟且留南京,为公觅石。公得石喜,我得公书亦喜,亦调剂人生之一道。

雨花石确是火成,亦见鄙记。冒暑访石,憨态可笑,余亦闻而怜之,且益惭愧。闵仲叔不食生蒜,竟以猪肝累人耶。欲往金陵卖石,此心终不能已。

日前寄上石子一包,度得达。昨日石贩持一怪石来,谓系前日大雨之后,村童至雨花台放牛拾来,请为转售者,索价二十金。弟爱不忍释,一再商价,始以五金易得,敬以奉赠,稍迟三五日,即以付邮。此石两三寸大,全体花纹如刻,中有绿点。又今晨得数石,一如天际乌云,一则如朝日东升,下有苍树,中则如江海,石质透明,亦奇品也。此外连日所得,大小不一,但皆奇品,有真蓝花者一石,亦公所朝夕盼望不可得者。弟为兄得之,当大喜欢。

雨花台下，村童放牛，已入画图，更拾佳石，愈觉生色。此石黄色，果不寻常，纹理满周，幅员平正，诚上乘也。二十年来，无一蓝色，已为定例，有真蓝花，其谁敢信？果也寄到，乃是染成，是卖石人，所故炮制。抑亦次溪，尝我为笑，悬案至今，尚未究竟。

一月以来，除黄石外，所得奇石不少。弟意得公覆书批评后再寄，公乃欲候黄石到后再评。今午束好付邮，乃邮局告以大水，暂停寄包件，奈何奈何？大约须俟半月或十天也。贩石者近日赴江北觅石，大约三四日可返。先与弟约，得佳石者先以示我，届时当有奇品也。敬以予告，博兄一粲。

是时河北大水淹数百县，故邮包暂停。贩石者由金陵赴六合县觅石，故云江北。

今日询邮局，知可通邮，已将各石包好寄上，即乞查收。此次所寄，以黄石公最贵，次则莫愁晓日、天际乌云，亦复可观。余石虽不佳，亦四十日以来陆续所得。夫子庙秦淮河畔，只此一贩，且谓每日所得不能糊口，行将改行。弟慰之，且与渠云，倘能获有佳石，我愿以月薪所得，分润二三十金，是亦社会互助，经济流通之一道，较之追逐淫娃，高尚多矣。

为野人买石，挥金如土，固是高狂，而分润流通之言，见其仁至义尽，真形毕露，非好名大言也。

天津水灾，交通停滞，第二届石寄出时为阳历七月二十，迟至一个月，兄始收到。弟寄出后，日日盼兄批评，俾好有所遵循，而竟迟迟不来，真令人望眼欲穿，今知得到，其快慰真胜一切寻常欢喜事也。第三批石子乃阳历九月五日寄出，想此刻亦当能收到也。此次有黄纹石，五元价者，纹确不错，弟以为其质不润，未知兄以何等级位置之也。此次所寄出者，弟所心爱者为莫愁晓日、天际乌云二石。莫愁晓日须细玩之，蛋白质中隐隐有花，有红绿在边际，难得者日发金光。天际乌云如身临云际，令人有高深莫测。他如栖霞山，亦苍翠欲滴也。兄谓如何？此三石弟颇喜之，如兄以为寻常，请暂保留，异日弟返平后，请寄平，亦算留一玩石纪念。若兄合意，即留为清斋供品，不必寄也。前寄水藻石，弟确爱之，爱其水藻，如兄以为常品不甚爱之，则请暂为保留，将来兄摘石一二寄平，以为弟之纪念何如？第三次所寄者，较第二次者想稍高明矣。兄欲我亦染石癖，所言确是不假，夫子庙旁，几于无日不到，即卖石者亦以怪人目我，因我至则徘徊二三小时，摩挲不忍去，虽无新到品，亦必于各盆中摘稍可观者购之，每次二三枚，未及几日，竟得甚多，即第三次寄出者是也。此次石虽多，乃系一日数枚，积日而得，非成堆成碗而来。每个皆有独到处，平直看不出，请浸水观之，必有所获，方不负我之至诚及工夫也。此间只一家售石者，死石多，即弟所寄上之普通品，亦几乎百中择一，石之难求乃如此。此间尚不平静，城门出入不便，石贩两星期左右始出城一次，新品不多，近得石三五个，尚不及此次寄上之好，一形画图、一形画图、一形画图，第一块中之蛋白，有三道纹似蚌纹，不合兄目标；第二块之蛋白不透，亦勉强，遂给价四元，彼索六元，一时未成交，次晨再至，则渠竟为一老者以十金易去矣。于以见佳石之难得，稍纵即逝也。弟与石贩约，下星期新石到，先以告我，必不放过矣。昨得两石，石质甚透，有纹突起，弟名之曰万里长城。又有一作黄腊边者，中嵌一白石，亦极佳。他石之普通品，约三四十块，现在手下，拟稍迟，再得十余绝品，候兄第三届评语到，即发寄第四次，或先寄。弟虽与兄有同好，奇文共欣赏，此乐乃为真乐，故不拘何时，一有佳石，弟把玩数日即可寄奉。石遇我兄，得兄表彰，始可传世，弟虽爱之，奚忍使之长埋没耶。兄当深韪我言，兄玩石久，清斋藏品，想已盈万，弟所寄者，有跻诸名品中者否？请详以示我。

东坡尺牍，第一二句皆可截止，随又连犿辏续，缠绵不已，段落虽多，却一气相贯。峰迴路转，步步可人。次溪此函，颇近似之，未必有心效东坡也。而朴实写真，遂同其妙。天下惟真之一字，最有滋味，于此可证也。当初东坡捉笔与人写信时，原不深思遐想、凝眉作草稿，然后誊真，随手作眼前话，道其真情而已，一语写就，复又递演，鳞次无已，愈演愈妙，此真之妙也。次溪一本以真，故与暗合也。次溪本不知石，以余故，遂日流连秦淮河畔，钻研而切究之，虽有时作门外语，然其热心状态，殆又甚于自家瘾癖者。又其认石未久，居然八十老娘，天亶聪明，一斑可见。然而给价不成，明晨遂售一老人，石贩狡狯伎俩，足以蒙次溪而有余。所谓君子可欺者乎。

甫上一书，又得大示，认石之法，弟亦了然，然能如此质及色者，一月未必得一。因门禁森严，雨花台尚未开放，石贩半月一赴江北,或一至雨花台下,所得亦有限。石贩既以弟为主顾,有得必先奉我,此后不难为兄得佳石也。莫愁乌云,既为兄所深喜,即以为赠,不必再为寄还。

乌云如泼墨,而纹理缭绕,周遍全石,却又透亮,但于天际二字,尚不切合,容再造名,莫愁后竟寄回。

夫子庙旁石子摊,久无新货。昨日卖石人新从江北买来三袋,约弟今日下午四时往观,冒雨而往,遍观无一能及格者,真算白去一次。卖石人每过十天或二十天,始有一次新货。兄为我作传,能将买石事传入,为最有趣。

冒雨赴约,秦淮如画,虽无佳石,却有佳士,不失信约,所得正多,不算白去也。雨湿沾衣,两脚泥淖,所得亦多,更不算白去。

第三次石,早已发出,度已得达。第四次石,亦已于昨午寄出,未知何日可到?到日务乞随时批评,俾好遵循。此间石贩见弟好石,故意抬高价值,好石故无论矣,即寻常一石,即需一角钱。好在弟之买石,半带赈济性质,亦不与之计较。最可憎者,石一到弟手,渠即说好得了不得,可笑之至。

世界之物,本无定价,况玩品耶。余弟六冲买物,从未有贵者,乘人力车,必加赠钱,此无他,皆世俗之所谓憨也。余闻石贩夸售出之石,颇欲以选不及格之多石还以与之,则余之心不忘伶俐,殊不及六冲、次溪之憨也。

近得《雨华山庄集》，拟即寄赠。集中虽无石子事，但亦雨花掌故，度亦吾兄之所深喜。第四批石寄出后，昨午又得石盈掬，容有成数，即再寄。弟大约阴历十月初或北返。不忍骤去者，亦只有恋恋于石而已。

余姨丈赵乃翁，光绪中守平乐，试士喝名，有一士貌类其长女婿者，擢为冠军。今次溪赠余《雨华山庄集》，集中并无一毫石子事，倘以其名而深喜之，何以异于是。

赵幼梅师逝世，为之悲痛无已。今春寄诗索雨花台石子，弟因此物非渠夙好，亦漫应之。得耗前一日去书致候，并拟即购好看之石寄去，而噩耗至。

赵喜作诗而好赌，次溪不遽寄石，处事极当。余闻人言，好赌博者，勿馈之古玩。余之好石，每遭人笑。一次与一人夜谈砚，适有齐表兄同榻宿，闻而默识之。明日告人曰，吾闻渠两人谈砚，意念两人之貌，俱似砚也，齐极嗜赌。

南来孤独一身，性与人殊，度日如年，其所稍足自慰，每日为兄觅石，旬日得兄一书耳。黄石兄以为奇，弟尚嫌其质地不透。天际乌云，质地固佳，但兄既所深喜，弟极愿割爱，不必寄回矣。弟颇爱石，但爱兄逾于石，故虽得佳石，不忍据为己有，即以奉兄。此点至诚，自谓在今之世亦殊难得。不必皆在石，即此一端，弟之对人皆如此也。中秋前后得石佳者甚多。每枚贵至一二元，至廉亦二三角，同人皆以为昂。实则南京只一石贩，石贩每次得佳石四五篓，而合我意者亦只三四块，宜乎其索价之高。且弟月薪得自金陵，以之沾润金陵之苦人，亦分所当然，初不必以石之佳否斤斤计及之，兄谓如何？近日得奇品，先为兄述之，不久即寄奉。一石酷肖人手，玉腕洁白；二孙行者；三红地浮红云；四绿花。此外另星小石，亦皆有花纹。更有一奇品，既非弟所喜，想亦非兄所喜，即一逼似妇女缠足石，拟赠敝友之喜谈足史之名灵犀者，兄谓如何？弟近得玉一枚，刻猴子极生动，石贩见我持玉猴，谓我好玉不如好石，盖深恐我嗜好转变，则渠收入锐减，弟亦微颔之而已。

月薪得自金陵，以之沾润金陵苦人，阿佛慈悲，无量功德矣。得自金陵，以之买石，投畀北人，谓之何哉？

昨日上一函，又将第五批石寄出。此届石以有手形者为最奇，玉腕颢然，且洁白也。又一石有绿草杂诸黄色中者，亦颇妙也，兄以为然否？昨日星期例假，孔子生前一日，石既寄出，无可把玩，意马难羁，乃往夫子庙访石，无奇新者，石贩谓尚需时日，俟此届石扫数卖出后，乃能再赴江北求石。弟遂转变心机，信步改向古玩铺中求石矣。全市既到，无石可买，至终了一家，见一古盘贮石甚多，皆绝奇者，叩以价值，主人告以系友人寄存，非卖品。弟再三恳求介绍，始以七元易得，全数携归。今晨五时即起，为之捆绕，明日即可寄奉。弟得石喜，亦愿兄见石而喜，故匆匆寄出也。此批为第六届石，兄见之，当掀须而笑，称弟为石之伯乐，江南之石，将为我尽载而归。亦将谓弟尽移雨花台、六合县，而置诸杨柳青也。昔人有谓赶山鞭者，弟即执鞭之人欤？第六届石，以娃娃头为最妙最奇也。售者谓此石是红眼精灵，弟初玩之，亦颇狰狞。又有人谓似虎头，似俗画雷公神，及三再把玩。脸方方似胖娃娃，南京人谓小把戏，兄以为然否？弟有一妙想，昔林和靖有梅妻鹤子，兄即以此为石孙何如？此石到后，弟当在秦淮河畔，遥祝兄得孙矣。兄当有诗报我也。金蛙亦复不恶，又似金瓜，兄或为之定一妥名。燕子矶石，纹色确佳，兄允作《燕归来簃主人传》，弟适得此石为兄寿，因缘巧合，兄得勿谓我辈为友，觅石因缘，为三生之幸乎。西湖泛艳，船中之人，确极有风度，景似日暮，有无限感慨。背面亦老枝横江，晚霞甚绮。兄匆匆看过，兄谓秦淮觅石为生生传中一段生气，是真实话，即请以此事为骨，为之著笔，将来亦即印入大著石子记何如？好玩雨花石子者固多，而有著述者当以兄为首创，信其必传。近闻贩石者谓常见妙石，一经淘洗，即成沙泥，则信为石生自河泥窑中，兄以为何如？

石中百乐，较伯乐为趣。移雨花台、六合县置诸杨柳青，亦较王庆坨为趣。次溪之精神滋味，与余多暗合，此其一也。津西有村寒鸦墅，不知何时何人竟改作韩家树。又有村曰瘸柳树，亦改作阙里树。余深恶近人之粗俗，日趋鄙陋也。寒鸦墅三字，有多少诗画在个中，杨柳青亦然。

弟近得猴头石，小时崇拜孙行者，今适得此，亦一纪念，容与诸石寄呈。此石到后，即存兄处，异日北返，再烦寄还。

近二十日以来，续得佳石甚多，已于昨午封好付邮。此次一包，买价十六七元，盖每枚有至一元左右者，至少亦一二角，因每次贩石者得来新石，渠先选择，巧立名目，即索十元八元一碗，弟再择其佳者一二，再三商量，始能定交。此外则于群石中择其尤者予价若干耳。新石虽多，佳石却少，即弟所择者，即寻常品，亦皆群石中之上上品也。贩石者每夸弟有眼力，谓群石一经弟择后，即拔其优秀，所余皆下品，故索价昂也。弟未审兄及诸石友所得之石，石价如何？乞示知，以免受罔。闻人言，事变前，金陵城内贩石者数十家，今则全城只此一家，弟深恨太平时未至金陵也。黄石易名天孙织锦，甚切，此石背有凹痕，当系天然，兄可审视，绝非人力之伤也。石质尚欠润，不如莫愁湖石之有蕴藏也。莫愁湖石中蛋白有蕴色，石外有焦黄，似日之初升，兄见之否？兄固真能鉴石，鉴石之法，不可浸水，固是不刊名论，弟之选石，亦与兄同，然石中亦有必须浸水而后有明显之美者，兄试观弟所寄上之二次以后各石，在外观不美者，浸水以观，每一石有一石之特点，亦即弟之所以选入非泛泛入选也。兄当深为细审，方不负弟苦心，切不可草草看过。第五批石，尤当细认，此次所寄，多以彩胜，已用墨笔标出，兄可先记墨痕之处，然后将墨痕拭去，就痕处细审，当可得其妙也。猴王为弟所深喜，幼时读《西游记》，深喜孙行者，已入脑，至今仍不可破，其余皆可奉赠。又缠足一石，想非兄喜，敝友中有喜谈缠足者，请将此石代为保存，俟弟返平，再烦兄连同美猴王寄平。兄允将兄所藏石相赠，弟虽爱石，不敢掠人之美，所希望者，将来能到坨，尽观各色佳石，或将来有一定之期返平，再请将兄尊藏之佳品，寄我一观，足矣。此时行踪不定，切勿相寄，以免遗失。承允将弟购石经过，尽量入记中，此尤所欢喜。弟在此，日日即以到夫子庙觅石及接读兄书为快外，无一足以相慰，亦苦闷极矣。兄能时时来书，一述田间野况，及二三同志琐事，以慰我否？

此是第五届石，余抄录错置第六届石之后，凡人于局外不内家之事物，便不能细论深讨。张傒于夙所不好之石子，一经为他人谋，则竭虑殚精，钻研入微，反有过于内家者，聪明且不必论，而耐烦乃至此乎。余姨丈在浙东时，有一石章，刻耐烦二字，余当时以为寻常白话而已，后来略有涉世验过，始知天下事，无一处不用此二字也。为他人谋，本亦宜耐烦，不过尽心力而为之，已告无愧，未闻有越俎代庖耐烦者，次溪之好勇不亦甚乎。

昨日星期，为兄觅石于秦淮河畔，得三石，极合条件。一石质与莫愁同，中有鲜红一块，一石可配天际乌云，一小石质同莫愁，此三石乃在群石中仅有者，石贩亦知名贵，卒以三元易得矣。俟再得有成数，即可汇寄。五、六批石，何以相延匝月，至念念也。

石贩岂能知名贵何等？中有红块一石，乃石中第一绝品，石贩不能识也。但以其大概优秀而名贵之耳。虽然，岂只石贩，同好之内家，固尝知不尽也。以次溪买石常价论之，红块一石，当值十金以上。

惠书领悉，第四、五、六届石，均已次第寄出，何以至今未收到？真令人不解。南京将及一年，无可寄托，无可告语。觅石确是一寄托，得翁书尤为一大快事，数日烦恼，为兄之书涤洗净尽,真胜惠我百千万金矣。说雨花石子之书,当以兄为开山鼻祖,国光社曾辑谈艺之书千百种,汇印“美术丛书”,谈石者亦有数种,然总未及雨花石子,弟因兄爱石之激起,亦拟得谈雨花石子之书,不可得,而县志所及,亦寥寥数语而已。甘泉谢堃佩禾之《金玉琐碎》中文登石条,略及雨花。谓有红色一枚,状如蟾蜍,入水则口衔一珠,出则无之,百试百验云云,亦一奇品,至诚所感。日内夫子庙石贩新石到,或能为兄亦得此品也。

入水则口衔一珠,出水则无,此石罅有空气作泡耳。石则未必佳,红又与蟾蜍悖色。虽然,次溪为我祈祷得妙石,发于至性之诚恳,不觉流露而成两句动我心魂之言也。余未成童时,祖父教我认字,手中持一绿蟾蜍砚滴,观丧家赞礼者戴金顶红缨帽,归告姑母,姑母夙钟爱我,谓我曰,汝将来亦戴金顶为人家赞礼焉,爱之切故祷之切也。今已衰老,抚摩爱我者,皆久谢世,无一在者,龙钟腐败,只讨人嫌。不料复闻噢咻呢喃声为我祝祷也,写至,老眼已泫然。

顷接长书,知五、六两届石已到,甚慰甚慰。近又得奇石,俟有成数,当即寄也。石摊须时刻前往,一有妙石,即为他人买去,所谓稍纵即逝也。

稍纵即逝,见好石者固大有人在。虽丧乱之余,犹如此,则太平时可知。

今日赴夫子庙,询诸石贩,有无新石?据云再迟十来天,即赴江北觅之，有新奇者必为弟留存，因石贩见我时，虽无石头，亦恒周济之，故极表示好感也。写至此，偶忆一事，十余年前，北京货郎车上，时有石球成对出售，一经摩挲，两三日，球即精细，显各色花纹，此项石质亦极坚，大约是大石块用人工弄成球形者，兄知之否？弟儿时颇喜之也。

石球为京西北山产，余儿时亦弄之，石之球状者，儿童皆喜之，亦天性也，惟余白发犹儿戏。

弟待贩石人却不恶，往往买不成时，必假彼一元或数角，作晚餐。而渠议价时，却不稍让，念彼贩夫无知，不与计较耳。第六届石谷口横琴，其质似不坚，美中不足也。而兄爱之何也？猴头石像否？兄能为定一名目否？

石之稍不坚润者，有景便可珍。余之好石，偏在景与颜色，至猴头石类，无法另定名，次溪爱之何也？

今日因院长赴申公干，弟得偷闲，又赴夫子庙，为兄觅石。以一元三角，得石六块，主要之一石，纯蛋白质，有赤色，似红不红似黄不黄，石端有深绿，亦奇品也。容再得有成数，当再寄呈，石少寄麻烦，故须俟有一包也。

次溪每次寄石，内用纸各包，复总包之，然后缠绕绳缕，再四纵横，然后外用布包，针线密缝之，麻烦极矣。捆绳结扣复如蛛网，石包到时，诸孙环噪之，余亦汗急拆看，不得骤开，则剪刀以决。

大雨之后，天气新晴，冒寒趋赴夫子庙，为兄觅石，无新奇者。石贩因雨三日未出摊，今日游人少，终日未开张，极可怜，弟赠以一金，且善慰之。亦同道相惜之意，彼贩石，我爱石，同是石道中人。

次溪见人多可怜者，不止石贩。阴历十一月二十六日，正是小雪节候，南京虽尚漏雨，不似北方，亦新寒可怯也。

近检包裹条，弟南来共寄上雨花石子七批，似尊处收到只六批，便请一查之。两月以来，雨花石子虽所获不多，然集腋成裘，今晨检视，亦复不少。且多灵秀之品，已包好，明日即可寄出矣。今午赴夫子庙，以一元得石十枚，有一枚似前寄上之绿菊花石，惜太小，不成器也。此十枚则俟下次集有成数再寄矣。明日付邮之件，内有真蓝色石，惜无花纹。公以雨花石无蓝色者为憾，今当大喜，得见真蓝矣。又一块石上弟注有灵绝妙等字者，弟以五金而得，当可与前寄之栖霞莫愁菊石为匹矣。石到后，即请公述赐评语，以励我觅石之勇气。弟近来辨石之眼光，亦超然而向上，凡石皆不能入目。又以石贩枯立寒天，恻然起怜恤之意，半送半购，总以使石贩尚念及有真同志在，不致灰心耳。

雨花石无蓝色者，已成定案。所云真蓝色石，或是石贩所煮染，以尝我者耳。次溪寄石，每得意矜张，或求奖励，余乃淡漠直简，反无谦谢感激，种种客气。何也？天真烂漫之交，故无拘束痕迹。庄子曰“礼岂为我辈设哉”！

前日星期，赴秦淮河畔，为公觅石，以四元八角购得不少，连前些日子所得，包成一包，又于古玩店得一灵石，以高价买得，成交后，仔细把玩，忽发现钻眼之弊。再端详，则又似磨光，此则美中不足，惟其透亦不易得耳。

雨花石之遭际，在北京多是磨光穿孔。拙记亦言之，此石经磨，纹真光烁。雨花石家外人，无不惊悦之者，已转赠门人李镜湖。

近日少佳石，容日内再去觅之，以慰长者。

此己卯小寒大寒间来函也，余再三告次溪，天寒非弄石时候。昼短，公务忙，亦且无暇，可作一段落，暂时停止买石，俟春暖为之，而次溪不听也。

附录

编号

王猩酋

旧雨无多，易于寻阅。己卯后，次溪自金陵寄石，络绎连犿，遂至屏当不尽，四景三十五组外，余石正多，乃以幅员类从，四枚为率共若干组，所以便检查也。

旧雨甲组八组

1. 岁寒冰雪　池边乌树　琅玕正绿　疏影寒香
2. 西湖十景　菱塘蘋藻　松江鲈泳　雪花六出
3. 月出东山　茱萸大斗　兰亭全境　达摩松下
4. 洛阳花园　天台瀑布　风雨重阳　雪月林皋
5. 靛蓝山雨　博物图书　红绳系狗　水田红绿
6. 青琐丹墀　古刀币文　鹧鸪晶睛　黄毛红眼
7. 九秋

玉簪初开　晚露牵牛　海棠凉雨　芦荻西风

胭脂虫叶　鸡冠斗红　东园萝菔　霜枫黄鸟

三径松菊

8. 大小

莫愁湖上　星球图章　虫文朱印　村野朝暾

旧雨乙组七组

1. 平沙落雁 趵突古泉 紫藤花发 满城风雨

2. 黄四娘家 边城天马 飞云岩前 竹林积雪

3. 木刻深纹 钱塘秋潮 汉宫黄叶 寒山拾得

4. 荷亭纳凉 柳边待渡 洞天凝雪

5. 猕猴蹲坐 春冰初泮 菊有黄华 诗中梅雪

6. 邦稗古城 火山崩裂 乱泉石罅 清涟风漪

7. 子夏石室 青田黄石 岩穴佛龛 平地泉涌

新雨甲编十二组

1. 朱幡护花 兰泽多芳汨罗芳草 橹摇指菊 石出听枫

2. 祇树佛园 胭脂山下 茑与女萝 露重竹肥

3. 木瓜香雾 香盈怀袖 云龙紫气 谷璧连珠

4. 两个黄鹂 寺门池树 埃及刻石 凤凰来仪

5. 石佛倚狮 豳风图画 乌云泼墨 云树江东

6. 饕餮红眼 攀木猿猴 苇塘寒鹭 虎头古匜

7. 灵光翠微 诸佛讲经 石窟蒲团 前古竹木

8. 黄山朱霞 黄叶江南 黄螭鳞甲 齐泰碧血

9. 中馗地菌 黎明鸡唱 襆被卧佛 黄虎雕文

10. 绿荫飞瀑 疏林直干 黄石小桥 旭日霜林

11. 西湖泛艳 泰山盘道 江上数峰

12. 四屏

合欢黄鸟 潇湘竹雨 名园泉石 霞绮山村

曲崖飞瀑 湖山青碧 苏门长啸 山梁渔樵

湖边小艇 溪谷林烟 绿石白水 雨中树色
水木明瑟 花落黄陵 山光凝紫 绿荫圯桥

新雨四景三十五组 春夏秋冬也

1. 蚕桑叶稠 薝匍花香 两人小艇 闲园桔槔
2. 蝶衣晒粉 莲芡覆水 黄叶江村 大雪林园
3. 落花水面 荷芰水亭 木叶丹黄 石盆清供
4. 鱼陟负冰 鸳鸯菡萏 鹳鸽枫叶 古木寒鸦
5. 落花莫扫 远浦归帆 霜叶晕红 芦根冰镜
6. 杨柳楼台 石罅乳泉 黄叶新霜 疏影一枝
7. 水流花开 池荷风雨 菊花甘谷 水泽腹坚
8. 杏雨江南 庐山瀑布 疏林晚霞 荒村冰雪
9. 小蝶戏花 游鱼在藻 红树江边 汤泉珠沸
10. 藤萝垂蔓 菡萏溪边 瓜田凉露 深谷紫芝
11. 红蓝花开 映日荷红 梧桐一叶 风雪山村
12. 红药栏干 黄浦泛舟 白苹红蓼 灞桥风雪
13. 杜鹃枝上 避暑山庄 老树经霜 寒月一钩
14. 蚕月条桑 食郁及薁 获稻为酒 妇子室处
15. 月挂柳梢 烟云竹树 菱塘白露 疏林淡远
16. 苔痕微雨 重山叠翠 白云红叶 梅雪横窗
17. 花落黄陵 绿天僧院 西江枫叶 篱落横枝
18. 雨丝烟柳 蜻蜓红弱 蛛网新晴 石窟佛寺
19. 艳阳天气 堆蓝瀑布 老圃黄花 寒泉双井
20. 沆瀣餐霞 山雨欲来 霜叶未扫 冻雀噪晴
21. 野渡横舟 红墙披蕉 晚霞黄叶 雪泥鸿爪

22. 杏花蓓蕾　池荷新放　禾黍登场　木落岩枯

23. 句漏丹砂　乳泉喷射　十五月圆　洮水流珠

24. 林泉修褉　麦浪翻风　落叶点黄　板桥霜迹

25. 武陵芳草　巴东三峡　江枫渔火　孤山探梅

26. 苏堤烟柳　点苍滴翠　枫桥夜泊　大风吹雪

27. 流觞曲水　草阁江深　黄叶扁舟　云冈冷坐

28. 草木萌动　清江白波　沙洲红树　老桧凌寒

29. 桃源洞口　蘋鱼漾碧　落霞飞鹜　梅花香雾

30. 东风解冻　绿树鸣蝉　蒹葭野渡　冰霜缬纹

31. 石钟山音　黄天荡江　函谷关气　巴里坤池

32. 溱洧秉蕳　泽陂菡萏　场圃纳禾　十月陨箨

33. 桃花源前　青山白云　红叶流泉　新寒树色

34. 绿绕山村　苔藓连钱　黍稷稻粱　雪蒙竹叶

35. 东风吹水　黑云裂电　霜红似花　山亭老梅

新雨乙编三十组　前十组为大块

1. 枯树烧空　缠头骑兽　满天风叶　山郭边荒

2. 白鸥飞下　狮象连镳　雄狮蹲坐　白玉孔雀

3. 豆棚瓜架　乱石江滩　佛有侍众　黄石崖龛

4. 天女散花　山村绿树　佛塔山巅　土墙苔雨

5. 将军大纛　长颈鹿豹　太湖秋碧　蕉窗夜雨

6. 深山古寺　结茅空谷　枫落吴江　叶随流水

7. 送别南浦　钟乳洞寒　循溪傍谷　朱砂点梅

8. 飞廉怪鸟　手抚黄耳　海底珊瑚　绿树阴浓

9. 荒陵御路　煤尾旧画　梧桐一叶　前古植物

10. 汉宫鸱吻 垂虹破柑 拉丁文字 荒古怪虫
11. 西湖一隅 蝶衣蛛网 秋柳残荷 赤心小柿
12. 膃肭脐兽 舟子俯窥 冰雪天地 乱泉石罅
13. 老衲新荷 牧人驱犊 秋风摇落 长城登高
14. 朱鱼耀金 珠囊解括 秋山如粧 黑人白帽
15. 牵牛织女 钩月流云 绿塍一径 雪佛梅树
16. 田沟画绿 龙虎雕文 古锦琴囊 荒山积雪
17. 黄衣道人 趵突老泉 雨打芭蕉 龙门造像
18. 黄山松影 石窟千佛 乌石栏泉 黄海云涛
19. 飘茵花片 洗鹤湾松 佛寺灵泉 前古植物
20. 梦醒黄梁 稻香煮粥 龛赭江湾 涌泉黑子
21. 双树横云 曲柄荷盖 竹根青紫 角枕粲红
22. 古砚心凹 蚩尤红旗 三潭印月 双井归人
23. 小树丛林 紫霞洞阁 傲霜白菊 紫绿莼羹
24. 鸣鸟迴翔 荸荠剥皮 红鱼水泡 鸡血田黄
25. 古锦圈文 大佛一僧 宜兴砂器 清泉珠泡
26. 灞桥柳色 垂萝挂荔 秋稼登场 霜叶绕池
27. 双红喇嘛 松雪凌寒 红雕漆器 一簟珍珠
28. 句漏丹山 松根石洞 碑碣霜痕 雪融石出
29. 绿波孤艇 一钩新月 枯木寒鸦 灯花爆竹
30. 黄土水坡 春江花月 红树山村 大雪东郭

佛部

1. 赤面披衣 独坐空山 木鱼重光 黄龛雕刻
2. 黄冠白衣 嵩山面壁 脱簦坐息 坐对青山

3. 西藏范泥 白石洞中 重门现身 粉白毫光
4. 薛萝山下 分居各洞 龛中独坐 光头掩巾

鸟部

1. 练鹊红冠 老乌长喙 雪衣鹦鹉 乳鸭大头
2. 雁昂首鸣 落霞孤鹜 鸳鸯青紫 白羽雌鸡

次溪买石目录

王猩酋

上品造像

祇树佛园 朱幡护花 橹摇指菊 石出听枫
两个黄鹂 木瓜香雾 苏门长啸 寺门池树
西湖泛艳 云冈佛窟 露重竹肥 虎头红眼
饕餮古器 灵光翠微 黄山朱霞 黄螭鳞甲
埃及刻石 紫云龙气 谷璧连珠 合欢蠲忿
中馗地菌 花瓷白釉 黄叶江南 古锦遗文
雄狮蹲踞 人比花瘦 诸佛讲经 天女散花
紫花烟壶 长颈鹿豹 汉宫鸱尾 一角红楼
堆蓝瀑布 黄虎雕文 荒古竹木 布袋散僧

第一届造像

八大画荷 结茅山谷 荒陵御路 西湖一隅
水岩佛洞龙门造像 攀木猕猴 江东云树
白云朱霞 芝罘海湾 溪谷梅花 石狮卧雪
泰山盘道 石佛高髻 田沟画绿 老树泊舟
龙虎刻文 江山数峰 黄衣道人 趵突老泉

梦醒黄粱　氍毹散花香盈怀袖　绿荫圯桥

荷盖曲柄　山村晚霞　花近霞光　烟霞洞门

瞿塘滟滪　曲崖悬瀑　西湖泛舟　一斛珍珠

麦秋碌碡　千佛山头　秋水野船　绿阴飞瀑

树下老人　黄石小桥　柳线垂溪　疏林直干

长松倚壁　白波绿藻

第二届造像

枯树心空　豆棚瓜架　土墙苔雨　石窟蒲团

送别南浦　兰泽多芳　钟乳洞寒　江湾红树

朱砂点梅　独坐空山　苇塘寒鹭　秋山如粧

沆瀣霞光　急雨打蕉　风雨重阳　古锦琴囊

洗鹤湾松　雨珠水泡　林塘路转　豳风图画

雪里芭蕉　山梁渔樵　蚩尤红旗　角枕粲红

双井人归　凤凰来仪　小树丛生　落霞孤鹜

乱泉石罅　柳絮池塘　雪中碑碣　山外孤城

宜兴砂器　灞桥柳色　菊傲霜枝　溪声霜叶

旭日霜林　风雨竹窗　绿波萍藻　天台赤城

冰雪晶花　日观峰头

四景造像

春	夏	秋	冬
蚕桑叶稠	蘑葡花香	两人小艇	闲园枯槔
蝶衣晒粉	莲芡覆水	黄叶江村	大雪林园
落花水面	荷亭纳凉	木叶丹黄	石盆清供
鱼陟负冰	鸳鸯菡萏	鸜鸲枫叶	古木寒鸦

落花莫扫　远浦归帆　霜叶晕红　芦根冰镜
杨柳楼台　石罅乳泉　黄叶新霜　疏影一枝
水流花开　荷池风雨　菊花甘谷　水泽腹坚
杏雨江南　庐山瀑布　疏林晚霞　荒村冰雪
小蝶戏花　游鱼在藻　红树江边　汤泉珠沸
藤萝垂蔓　菡萏溪边　瓜田凉露　深谷紫芝
红蓝花开　映日荷红　梧桐一叶　风雪山村
红药栏干　黄浦泛舟　白苹红蓼　灞桥风雪
杜鹃枝上　避暑山庄　老树经霜　寒月一钩
蚕月条桑　食郁及薁　获稻为酒　妇子室处
月挂柳梢　烟云竹树　菱塘白露　疏林淡远
苔痕微雨　重山叠翠　白云红叶　梅雪横窗
花落黄陵　绿天僧院　西江枫叶　篱落横枝
雨丝烟柳　蜻蜓红弱　蛛网新晴　石窟佛寺
艳阳天气　堆蓝瀑布　老圃黄花　寒泉双井
沆瀣餐霞　山雨欲来　霜叶未扫　冻雀噪晴
野渡横舟　红墙披蕉　晚霞黄叶　雪泥鸿爪
杏花蓓蕾　池荷新放　禾黍登场　木落岩枯
句漏丹砂　乳泉喷射　十五月圆　洮水流珠
林泉修禊　麦浪翻风　落叶点黄　板桥霜迹
武陵芳草　巴东三峡　江枫渔火　孤山探梅
苏堤烟柳　点苍滴翠　枫桥夜泊　大风吹雪
流觞曲水　草阁江深　黄叶扁舟　云冈冷坐
草木萌动　清江白波　沙洲红树　老桧凌寒

桃源洞口 苹鱼漾碧 落霞飞鹜 梅花香雾
东风解冻 绿树鸣蝉 蒹葭野渡 冰霜缬纹
石钟山音 黄天荡江 函谷关气 巴里坤池
溱洧秉蕳 泽陂菡萏 场圃纳禾 十月陨萚
桃花源前 青山白云 红叶流泉 木叶新寒
霞光夺树 苔藓连钱 黍稷稻粱 雪蒙竹叶
东风吹水 黑云裂电 霜红似花 山亭老梅

佛部造像

南北朝像 天女散花 世尊诸侍 高座讲经
缠头骑兽 黄冠白衣 嵩山面壁 黄龛雕刻
坐对青山 脱簦坐息 西藏范泥 白石洞中
重门现身 分居各洞 石白毫光 悬崖开洞
西山高卧 狮象连镳 山顶浮屠 龙华大会
紫衣袈裟 左袒偻行 倚壁而坐 削发去烦
披萝带荔 托钵乞食 布袋皤腹

动物造像

两个黄鹂 老乌迴翔 鸳鸯在塘 沙洲鸣雁
飞廉风电 黄龙蛰潜 长颈鹿豹 雄狮蹲踞
佛骑怪兽 黄虎雕纹

另余造像

东坡佛印 竹木植物 海底珊瑚 大雪东郭
落叶满山 落花一瓣 沤钉兽环 霜天红叶
古砚深凹 荸荠剥皮 坐以待旦 龙凤刻文
渔舟晒网 黄衣狐裘 拉丁横文 霜柑初破

赤心小柿　双树横云　齐泰碧血　两山夹水

记上林春晓石

王猩酋

七十八己卯庚辰间,余求东莞张次溪觅石于金陵。次溪风雨晨夕,获五百枚,依次邮赠,余与次溪固未谋面也。癸未夏,次溪以拙稿《雨花石子记》五万言,刊入“金陵风土丛书”,皆荒唐之言也。其冬次溪观察苏淮,赵鹤一往见之,因出一石,托鹤一归以示余,求为命名。秦淮五百石中之一,次溪所欣赏,独留之髡也。石周圆形,径黍尺一寸四分、厚五分强,平正完整,无少偏欹,大体蓝青色,与蛋白质相杂糅,雨花上上品也。蓝色为雨花所缺,绿之极者,往往为蛋白所衬,而成蓝青耳。此石蓝青茂密,万木葱茏,一面有楼阁玲珑,宛然入画。平脊两端,如有鸱吻,檐角斜飞,柱孔明透。楼之后面,白纸糊窗。楼之底基,旁为黄石,后为玻璃。楼后稍右,一树映之,树下有洞,洞有丹石。楼之右旁远望,有黄琉璃瓦门,门为白石圭形,绕以短垣。垣内立一石翁仲,其石皛白,巨头显然。再右为两大池,再右为石之棱转处,有白石层台,矗立高峰之上。峰下再右为黄池,再右为清泉洞门,泉下清澈,洞门平横,全石已转身矣。清泉洞再右则为黄石洞,洞门下半为绿石所掩,再右为黄石台,台下泉石嵌空。是为石之下部,有一丹色鲜如杏,翻视之则三隅如亭盖也。再右又为石之转身处,有黄楼,稍低于正面之楼,其侧瀑布莹白,是为石之一周也。《史记·秦始皇本记》:“二十六年,章台上林,皆在渭南,殿屋复道，周阁相属。”正义曰，东西八百里，离宫别馆，相望属也。汉武帝建元三年，起上林苑，增广秦旧，此石似之，故名曰上林春晓。系之诗曰：“上林八百里何长，台阁连环树郁苍。仿佛一团生气象，犹存汉武与秦皇。”又此石，倒其楼而视之，宛如北京颐和园石舫，故又可名曰昆明石舫。秦汉与清，荒唐主人之景，称余荒唐之言矣。

孔子二四九四年，灅南石器猿人。

天然石盂歌 并序

王猩酋

余以癖石故，甚恶金类有害于砚，尝琢石为水勺，砻石为笔帽。每思水盂，必石而后趣。久之莫办。赵生鹤一游金陵，为余觅得六合县天然石盂，携置腐败堂，容水可八斗，望之如鹊巢。又若梅花树根，口约二寸，不方不圆。贮新雨其中，以石勺挹注端溪砚为平生得意事，因歌以志幸。

巴颜山倒东南陬，长江怒向滇蛮流。奇峰怪石挟奔走，雷声地动东半球。突过鸦砻破三峡，千曲百折来吴瓯。砂石簇拥欲填海，冯夷辟易鱼龙愁。造物有心惜瑰宝，拣选陆地储为丘。纹理颜色备珍异，能供亿世人搜求。一团奇气尚磅礴，钟为怪物存僻幽。亚当来觅天然器，钟山紫气冲斗牛。有口如瓶腹如缶，黄泥润里丹漆髹。有巢燧人看不见，星霜沦落春复秋。吴王夫差玉壶醉，临春结绮徒温柔。后庭花放繁华眼原注：余有石子颇艳丽，名后庭花，谁由无盐夸宿瘤。赵生知我有锢癖，非大灵怪无能瘳。世界有石皆凡品，破天荒处斯为尤。为我护送三千里，亲友大笑声鞫㘜。我得此石暴富贵，不知世上何烦忧。石器如斯足奇古，蹩踏石鼓凌岣嵝。米老砚山易别墅，当连北顾吞瓜洲。尽引长江九千里，不知此器能容收？小窗酌取一石勺，砚池风雨号龙虬。

次溪自金陵寄石罐

王猩酋

长江至下游，六合瓜步洲。一苇渡白下，灯火见扬州。
东有灵弥山，产五色石头。雨花台所出，犹或逊一筹。
我好此怪石，五十多春秋。神奇既在握，余兴更未遒。
门人赵鹤一，为我尝力搜。癸亥冬北归，行李重汗牛。
是一天然器，空窍深且幽。砂石自粘辏，泉洞岁久悠。
置之大砚旁，注水可十瓯。乘兴发长歌，同人争和讴。
湘有孟仲廉，浙有蔡丹丘。千里通声气，一度未面谋。
荏苒二十载，旧雨多沉浮。爰有张东莞，汗漫金陵游。
爱我爱怪物，买石绎络邮。千百不计数，辞之不肯休。
苦思一握手，爽约屡怅惆。我求既无厌，再作石盂求。
求其较前小，小砚可伦俦。一拳者三事，累人宛转投。
木瓜无所报，惭汗空自流。草庐大陈列，观者笑鞫㘜。
其一入世久，光有寒具油。恰作砚水滴，夙愿欣得酬。
其一鼎三足，哆口不圆周。石上种菖蒲，清供骄王侯。
其一未胶固，砂散随风飕。承之以瓦缶，毋使伤砚柔。
猿人石器备，得用颇自由。天然适野性，骨董夙所羞。
山川灵秀气，老饕小索抠。亲朋颇助桀，多方代猎蒐。

我真大富贵，一生无所忧。众美塞破屋，拥挤如乘舟。

当此岁大饥，人皆形似鸠。我无宿舂粮，晓枕睡齁齁。

石兄亦枵腹，大度来宽优。何须让江湖，女子庐莫愁。

杂咏六组

王猩酋

玩雨花石

雨花色相耀神州，富贵山林任意求。

世界正愁人太满，我先钻入石中游。

丁亥花朝风雪　四首

一

花朝莫漫叹无花，砚有青花石雨花。

老眼不花花发石，石花不怕雪飞花。

二

我先钻入石中游，三十年来春复秋。

不管人间风雪恶，看花兼听鸟钩辀。

砚之青花及石子皆有花鸟形。

三

世界如何乱与愁，我先钻入石中游。

道人尝以迟为号，足见欺人不自羞。

四

将来必作土春秋，亿万斯年无尽休。

趁一刹那犹未也，我先钻入石中游。

上年咏雨花石云世界正愁人太满，我先钻入石中游。

写雨花石上梅花

北人种梅花,梅花骄似客。
神魂在江南,面貌凛冰雪。
我意自尔怜,渠侬嫌我貊。
我自有梅花,金陵一枚石。

写雨花石上菊花

寄陶公篱下,乃真是菊花。
长短枝不齐,众孙绕祖爷。
白衣来送酒,九日天气嘉。
拏舟远相指,柴门临水涯。

己卯次溪寄石有水边菊花者,其旁人有坐船来,竟是“橹摇指菊花开”诗意。

次溪寄石久不到 二首

一

两接函过二十日,雨花中道尚沈浮。
殷洪乔事今无有,地位偏偏是石头。

二

有妇望夫尝化石,我今望石化如何。
化为一片云飞去,匝绕金陵日百过。

邮石未到,次溪又函告得黄石,大佳,是牧童雨中拾自雨花台者

是雨花台是牧童,天缘别有感相通。
张良不向南都去,安得重逢黄石公。

另本自序

王猩酋

岁乙卯始蓄雨花，午未申酉间，亲友同好者六七人，村居赏奇欢如也。厥后同人涣散，余独不衰，惟希望太高，所得愈寡。己卯庚辰东莞张次溪客金陵，余倩其物色于秦淮。一岁之顷，邮来四百余枚，佳妙者居强半。好石以来，斯为大进。随时作记，体例遂参差不一。癸未春中，次溪欲刊兹记，以志吾两人金石之交，不只为好石者助兴而已也。又次溪每欲画图方觅色料未及作而亟待付梓，姑从略，览者听景当胜于望景矣。

孔子二四九四年。

另册凡例

王猩酋

一、此记前三卷为旧雨花石，四(五)以下为新雨。

二、此记每石命者皆用四字，依其状态为之造像。但为玩物小品，非矿务研究。康熙间宋牧仲《怪石赞》有先例。

三、此记有春夏秋冬四石为组者居多数，意在诗画中，随其颜色也。其纹理可拟者，则别为之归类。

四、此记中造像命名，未必十分酷肖，然自来玩赏者，舍此则别无他道也。

五、此记前后体例不一，因石之到有前后，随手编次，乘兴为之故也。

《雨花石子记》前言

王猩酋

余好石始于砚，浸及各石，而荒淫于雨花。同人之传染此癖者，亦群集焉。见雨花石子之取怜于人，有特别色相，不独余之嗜痂也。民国十年以后，石子同人多歇意，以希望太高，而来源不满望也。余虽不懈，孤寂之下，亦颇无聊。适东莞张子次溪客金陵，嘱其物色。次溪遂风雨秦淮，为我觅石，绎络相属于邮，使穷儿暴富，平生得意事，孰有过于此者。爰于握游之暇，随笔记之，以补昔人谱录之未备，兼使金陵游人买石者，意兴顿增，使雨花生色。而余亦结同好知音之神交，岂非天降丧乱之后，破涕一笑也欤。

（《中国史迹风土丛书》载）

《雨花石子记》后语

张次溪

民国二十八年之春，余承安徽教育厅之命，视学皖南，道经金陵，小住十日，乃寓书吾友王猩酋问所需，猩酋复书云，但为我觅雨花石子别无所求也。金陵自二十七年冬失守之后，桑田沧海，至是稍复旧观。而素称卖石冷摊之秦淮河畔亦落落可数。石贩支木架，陈白瓷小碗于泮宫之侧者，不过二三小贩而已。雨花石产之雨花台在中华门外，俗所称南门外者，则军人据为驻房，遥隔一城，可望而不可及。自二十八年迄三十年，石贩之石，其稍具奇观或小有可取者，皆落余手，用以贻猩酉。

三十年后，南都生计日艰，据石为业之细民，多改他业。石贩之摊，虽尚孤立，而两年前所视为下品者，亦皆升级列为上品矣。故余尝谓二十七年以前无论矣。二十七年以后以至今日，石之盛衰皆影入吾目，此数年来之佳品，又多为余一人量去。吾闲尝自豪，以为流浪五载，无可纪述，差幸觅石金陵，实余生活史中一段生气，而灵石有史以来，余实为其最后之主人翁矣。余每得石，摩挲尽日，集有成数，即以之邮赠猩酉。猩酉得石狂喜，图形加评，以相质证，会心多相同以为笑乐。石贩姓石，为雨花台下土居，少岁业此，今将垂老，仍倚石为生，有两子皆在稚年亦学贩石，盖有家学焉。石贩闲告余，事变前灵石尚多，皆来自六合，而雨花台徒有产石之名，地脉已徙，近六七十年，已无佳品，间于大风雨后，牧童村娃，偶一拔沙，可遇而不可求。余叩以六合之石与雨花台之石所异同之点安在，彼珍重告余曰，雨花台满山皆黑或赤色或黑白相间之粗石，少见灵透者。虽然偶一发现，必斑斓眩目，光采毕陈，如余所获菊花摇橹，朱幡护花，猩酉以为命根子者，皆出自雨花台也。石贩每届朔望，提麻袋竹篓，渡江北上入六合山中，村人知石贩来，乃取日来掘得或拾得之石求售。近年人方谋食之不遑，村妇稚子，枯首菜色，了无闲情，营此副业。然于此一端，殊足以证此时之民情，然则灵石之出土，亦几与孔氏获麟无二致也。

猩酉既癖此石，拟来金陵作贩石人，又欲印此记出售于石摊之旁，藉佐觅石人之雅兴。余念猩酉与我三年来淫于雨花，几废寝食，不可谓非东坡云林以后之好事者。于是力印此书存猩酋之志，亦余志也。

中国民国三十二年三月十日。

（《中国史迹风土丛书》载）

与王猩酋先生石交记

张次溪

七七事变前二年，老友容希白庚教授燕京大学，闲尝组《考古学社》，编印《考古》社刊，约余入社，并时与会。一日见社刊中载灅阴王猩酋先生野况一文，自述一生田居情景，历历如绘，心仪其为人。容氏亦时语余曰：“《猩酋野况》写景如生，文笔可诵。”余颇韪之，此余于先生，最初之印象也。

及七七事起，先岳徐公蔚如病殁于天津，余星夜赴津，行囊无他物，只衣服数事及《考古》社刊，以《猩酋野况》为余喜读故也。

余在津营徐公丧毕，居海大道启新洋灰公司东北楼中，日以《野况》为消遣，默念先生之为人，必奇人也。遂寓书问讯，乃蒙先生复书订交，自是往返通问，曾不十日隔。

先生家在津西王庆坨，距津仅有五十里，惟值军兴，不易往来，故彼此欲相晤而未能。翌年秋，余返平，已而游蚌埠，南至金陵，先生寓书谓：“无他求，请为觅雨花石子。”余问以何者为佳品？君遂以所撰《雨花石子记》见示，余按图索骥，初仍未合，先生叠函告以精华所在，往复无间，日必以函札相质达。自是三年，余无寒暑，日必赴秦淮河畔为先生觅石。金陵人皆视为异事，余不顾，第欲博先生之一喜。先生得石，审其状态，必巧立名目，且为作记，使顽石骤生灵气。余得文益喜，故恒冒风雨赴秦淮河购石，即售石人亦以余为异焉。

先生尝与余有漫游大江南北之约，并欲一登雨花台，又欲亲至雨花台觅石，在秦淮河畔作卖石人。又与余有结邻十载，栽花种竹，共研文史之约，自谓此愿不难偿，孰谓胜利之后，内乱继起，民生益苦，而先生家国之忧，以是日深，病亦益剧。

三十五年春，余北归，过津小住，先生虑余在津寂寞，为介盛云涛、刘子恒来访，盛刘先生弟子，又皆忠谨人也。一日余语盛刘，谓与先生相交十年，犹悭一面，颇欲藉此小休之时，同往一访。两君欣然，愿为乡导，遥相伴坐骡车，经杨柳青西北行二十里，抵先生寓，先生居向南茅屋三楹，琴书井井有条，先生坐斗室中，知余来，握手道故，至情相感，泪涔涔落，相与话十年相慕之情，并出示生平所喜文物，相与赏玩，是夕余即宿于先生斋舍，作竟夕谈。

余叠经忧患，而壮志不磨，尝欲以一身任天下之重，先生为叹息久之，因曰："世乱如斯，非一二人所能为力也。"余盛气自豪，不以先生之语为然，先生则曰："徒自苦耳。"往复辩难，至中夜不已。

翌晨，先生为自制豆浆以享余，并领视所制柳棺，以柳条编制而成，盖先生提倡薄葬，以此自为先导也。先生苦留余小住，余以事须北返，因告别，先生送余出郭门，立大风中，挥泪不忍别，余登车后，频回顾，见先生犹鹄立不去也。孰意此别，遂成人天之隔，哀哉！

当初见先生时，盛刘两君私谓余曰："先生去年尚不如此气弱，今见衰微，恐不久于人间。"余闻之怃然。

是年冬，余遭先君篁溪公之丧，先生数以书存问，并为先公作传，又以诸葛武侯遭祁山之变，悔不当初为诫，譬喻万千。

去冬先生以乡中不宁，且生计为累，遣二孙来平，嘱余为作谋生之计，匆促之间，余只为介诸市肆，未几，其孙皆能奋勉，各进大学矣。先生曾与余书云："两孙好学之心太切，而不屑为商，大有辜负于公者矣。公爱我如兄弟，两孙即公之孙，终重爱之。"此今年旧历三月二十六日先生与我之函中语也。

四月二十四日，先生又与余一书，谓："张垣五月披裘，与蒙古为邻，兄雄心皆消除，我早已知世界如此，我前屡说败兴话，兄当不悦，今何如乎。佛有一切皆空，确是实理，我辈无可奈何，可以佛自解，倒是消遣法。"盖先生以余一向抱负至宏，不克实现，必有无穷烦恼，用是相慰也。

六月十六日先生忽与余一书，有云："死期有日，此书便是永诀词，可不悲哉，兄必一泪，不必悲矣，弟堪以自慰者，一生贫贱，即一生不受人管理，此点可以傲兄矣。"又云："弟主张死后一毫不须有费，因不迷信，甚知入土臭腐。"又云："死后吊丧无益，不如生前优待。"又曰："破小褂卧柳条筐中，四人抬埋，数十年家庭亲友，对余主张，都已耳熟。"则先生知必死，然无半点依恋之意，盖深知余于先生情深，必大为悲恸，故不欲以世间俗情，触余悲哀，然则先生临书时之内心悲伤可后，余得书后，即复书慰之，然情之所至，不免又掉入迷信一途，先生遂于七月初三日再复余一书，有云："仲锐吾兄知己：咱两人相爱，而有相反之性焉。兄迷信鬼神，我则看破生死，原是家常便饭，不避死字也。我服从汉以来哲人主持薄葬，尊孔子，不大葬，不厚葬，骂孟子厚葬，朱熹列中庸为四书，此天下鬼神之大祸也。我不敢随俗浮沉，再三说此事，我在世上本是虫子，说生说死，何讳乎？'不祥语'三字，我将反以赠兄，兄何不达之甚也。我至今将死，痛恨兄迷信，惜不当面骂兄也。此信骂兄已其矣，兄从此深恶我，一概不追悼，才算知音，自古至今，说破生死者，莫若孔子'未知生，焉知死'。我当说明，不可模糊瞎念。人若知死后，当念生前未生我，无我也，既死我，可见是无我矣。佛造出三世缘，迷信话，可惜闫王爷邮局，永远无回信。"又曰："我未生，我安在。"此语精明绝妙。孔子大圣之言也。先生视生死之轻重，清明如斯。又虑我思念不绝，故以义理相安。然人孰能忘情。余虽远在塞北，固深知先生复此信时，遥念余之念先生，先生此时心情上之悲痛必切，而勉强以无情之语相励，盖欲藉此以塞余悲，则先生之痛可知矣，哀哉。

七月十三日，余得子曰山来，先生闻之而喜，欲于砚上刻铭，贻用小子，附以识语曰："昔苏东坡贺徐得之晚年得子，贻之以砚，谓'俯仰之间，即见其成立'将以此数语为赠。"余以先生正在病中，不宜过劳，覆书慰之，请以稍俟。一夕，先生病稍减，语公子湖曰："我知仲兄念我，渠四十得子，不可无以为赠，我今虽在昏愦中，忽得一诗，汝识之，速写给仲兄。"随口念云："昔者徐得之，晚年始生子，东坡赠以砚，今例亦原此。"盖此诗为先生一生之最后作矣。而小子得之，诚足贵也。

先生既殁，公子濯、湖遵以柳筐殓，门弟子与里中亲友，争以抬先生柳筐为荣，则先生之德化，可见一斑。

先生十年来，与余通函，不下千通，均有关学术，足以传世，容当汇刊。先生所著《野况》，亦即先生自传，余尝请先生扩大撰述，不厌求详，先生亦以为然，然迄今未落笔。今春曾邮寄一帙，盖续至近年余为先生求石秦淮河事，并云仍当续作，而今已矣。

又闻先生病中，无他语，惟今夏其孙王药自故都返里，侍先生于病榻，先生执药手曰："我生平有不瞑目事，汝当为我出三口气。"家人方以先生蓄有不愤之事也，乃先生告药曰："此事非你不可，(一)九鼎尚在人间，必如愚公之移山，子子孙孙，继续发掘，必得之乃已。(二)鸡彝之真伪当正。(三)淳化帖之真迹，当张之天下。"呜乎，先生一生，以学术为生命，即其将死，亦念念不忘学术。可谓学人矣。至先生与余之莫逆于心，虽千百万言，亦莫能罄，然为永念先生，则当于先生未了之心愿，自今以始，广而大之，使先生虽死，其学术上之精神不死，方足以纪念先生也。

中华民国三十七年十一月十四夕，张仲锐挥泪书于张垣之东坡寄庐。

灵岩石闻见录

张轮远

雍阳王猩酋，生有石癖，自清光绪乙卯迄今，数十年不少懈。余与同里，以师事之。藏石五百余枚，曾撰《雨花石子记》一卷，详记其石，并为诗以赞之。余评其旧藏可取者约得十枚：露珠、松雪、大观园、东山月、绿虾蟆、新嫁娘、黄梅、春景、太湖、鲈鱼。其中十分之四为余所赠或易去者。不佞深庆石之得所，不效米海岳所吟，研山不复见，哦诗徒叹息也。已卯后张次溪赠伊石多种，以祇树佛园、朱幡护花、石出听枫、两个黄鹂、木瓜香雾、蓟门长啸、寺门池树、西湖泛艳、橹摇指菊、八大画荷为最尤，此外则自郐以下矣。惟王君癖过深，凡有一长可取者，则奖励不遗余力，名实不符，石若有知，恐自愧者多矣。余尝笑谓之曰，考米令奇石，所传者不过十八块。诸九鼎石谱仅二十枚，《怪石赞》减为十六，林有麟多不过三十五，今君竟兼收博采，将所赏之五百余均记而赞之，或将使人见疑，反污山骨矣。

庚申除夕赠猩酋灵岩石一枚，丁亥秋猩酋病亟，遗言设有不讳，石仍归原主。噫！吾两人交同金石，生死不渝，聊成律句，情见乎词。

病中怀旧雨，死尚念他山。不是仇池借，奚求合浦还。喜君天默佑，笑我性仍顽。欲往从之子，关河道路艰。

猩酋病愈，仍将原赠灵岩石一枚送还，力却不得，赋此致谢。

锦石搜奇共苦辛，一拳割爱记庚申。谁知二十余年后，赵璧仍归慰故人。

石兄重见座生春，往事迷离付劫尘。我未成名君已老，可堪癖石爱清贫。

（选自张轮远《万石斋灵岩大理石谱》）

雨花石界的一代巨擘——王猩酋

周德麟　赵启斌

王庆坨镇的历史上出了个雨花石收藏大家，南京两专家学者潜心研究。为此撰文。

编者按：

前不久，远在南京的江苏省收藏家协会秘书长周德麟先生打来电话给我，说起他对天津市武清区王庆坨镇的老一辈收藏大家王猩酋的敬重之情，并为其撰写了一篇研究性文章，问能否在王猩酋老先生家乡的《天津日报·武清资讯》上发表。一个异地他乡的专家学者，能对武清的收藏家这样感兴趣，并深入地研究探讨，我欣然答应。从随后收到的稿件看，周德麟、赵启斌先生不仅做了大量调查，参阅了大量的史料，运用了大量论证、论据，把王猩酋介绍得全面详实，又深入地进行了理性思考，加之文章脉络清晰，文采华丽横溢，文字近两万字，是一篇难得的专业性研究文章，着实令人折服。由于版面有限，只得忍痛割爱，部分发表，与读者共飨。

中国玉石文化历史悠久。作为玉石文化中的雨花石文化，它的出现，距今已有六七千年的历史。雨花石文化经历了玉石不分的新石器时代、旧石器时代，它既有玉文化、玉器学的深厚内涵，也有赏石文化的积淀、凝结，成为具有典型地域性特色的玉石文化、赏石文化，长期留存在中华民族文化的记忆深处。

雨花石文化在漫长的历史演变中，汲取外来的文化营养和精神因素，不断地进行自我的更新和发展，终于脱颖而出，成为玉石文化中一朵耀眼的奇葩，与昆石、太湖石构成江苏省的三大赏石，在中国唐宋以来的赏石文化中占有一席之地，有着“天赐国宝”的称号。

民国年间，雨花石文化到了历史上的又一个发展的高潮时期，出现了雨花石收藏的热潮。王猩酋的出现，将雨花石收藏和理论研究带入了新的历史时期，打开了具有现代收藏、鉴赏观念的大门，他的雨花石收藏及《雨花石子记》一书的出现，对于现代雨花石的收藏、鉴赏，产生了深远的影响。王猩酋与张轮远、许问石一起，成为雨花石的“石坛三杰”，人誉之为“南许北张天津王”。其中的“天津王”，便是指的王猩酋先生，他的雨花石收藏及其《雨花石子记》，在雨花石界始终有着巨大的声望。他将雨花石作为一生的志趣和事业保持下来，为雨花石文化的发展，作出了突出的成绩和贡献。

王猩酋（1876—1948）名文桂，字馨秋，中年易字星球，晚年更用猩酋，又号迟道人，别号净饭王，石器猿人，天津市武清县王庆坨镇人。王猩酋十一岁入塾，一年读完《四书》，1895年赴天津县参试，在1500人中名列第九，翌年再试为天津县学第八名。他工书画，善考据，有着全面的文化修养。居家设塾历40余年，潜心教育，教学重在德育，除教授经史之外，间及诸子百家。王猩酋本人亦精通医术，倡素食，主薄葬，撰写《薄葬说》，在当地有着崇高的声誉。

王猩酋在1920年代初就已经名噪京津文坛，据他的学生胡庚辰先生统计，王猩酋在汉文京津《泰晤士报》副刊等发表诗文有数百篇之多。他的诗篇，行文奔放流利，雄迈劲拔，处处浸润着强烈的爱国情怀。王猩酋不仅善于诗文，而且有着深厚的书法、绘画功底，其作山水画，极有米家山水的神韵，书法亦参照汉隶、魏碑法度，秀丽古拙，兼而有之。不愧为具有深厚传统文化修养的文化老人。正是这种深厚的文化气息，使王猩酋的雨花石收藏，出手自是不凡，终于成长为卓有影响的收藏大家。

王猩酋因爱好雨花石，而有江南之思，他不止一次表示，希望能有机会畅游南京，来出产雨花石的圣地游览。可惜，他的这一愿望，由于社会的动荡，始终没有实现，也是老人一生中的一个遗憾罢。王猩酋收藏雨花石，基本上来自于张次溪等友人和学生在金陵源源不绝的购买寄送。他以此方式获得了大量为数不菲的雨花石精品，聚汇了雨花石奇珍。

从王猩酋收藏的条件看，他并不具备客观上的得天独厚的收藏优势，他生活的时代，正处于兵连祸结的乱世，本人又没有充足的财力，他本人生活在远离雨花石生产、销售、集散地的京津地区，而竟然能够成为一代雨花石收藏大家，不能不让人惊叹。

王猩酋将所得雨花石细心揣摩，并不断地公诸于同好，奇文共欣赏，带动了京津地区雨花石收藏的发展，其中张轮远（王庆坨人）就是在他的熏陶下而痴迷上雨花石，最终成为一位雨花石收藏大家的。

按照王猩酋自己的想法，打算从其所收的雨花石中，集中五百枚，作诗以传。张轮远则以为，历史上任何一位雨花石收藏者一生难得能藏有几枚珍品雨花石，即使有十几枚到几十枚能得到大家的由衷认可，也已经是“破天荒”了。王猩酋所收雨花石甚多，不可能每枚都是精品，但不少可堪被人珍视，则是可以肯定的。其中记于《雨花石子记》中的有：赤壁东山、出水芙蓉、香山九老、靛蓝山雨、魏碑国字、花鸟九秋、星球图章、岁寒三友、虫文朱印、举杯邀月、莲溪翠鸟、莫愁湖等近百颗。这么多的石子被作者命以美名，作文介绍，虽然没有亲见其收藏，但其意境的优美，收罗的丰富，也足以让人惊叹的了。

不仅如此，王猩酋还收藏了雨花石中的奇特之品：石罐。石罐是响石、空石自然开口后形成的产物，或者是因外力作用，由石子粘合形成的，是雨花石中难得一遇的珍品。虽然石罐出现了不少，但非常难得，六合徐岳晨先生一生注意收藏石罐，也就只有二十余只。也难怪王猩酋收到石罐后欣喜若狂，居然以“石器猿人”为自己命名。并为之作了长诗以记事，认为平生得意事莫过于如此了！

在收藏雨花石的过程中，王猩酋又忽发奇想，以所藏雨花石进行组石。他将雨花石的人物、花鸟、山水，按照四季的景色，组成春、夏、秋、冬四季景色，雨花石组石共达三十五组，每组都造境雄奇优美，出人意表，既有北宋山水画的意境之美，又有南宋山水小景的闲雅诗意之美，并且打破山水画、花鸟画、人物画的界限，将其根据所处的季节而纳入四季景物中去，成为一组组具有优美意境的雨花石组石。

王猩酋不仅组石，而且异想天开，更将雨花石子拼凑书联画屏，他的这一做法，得到了不少人的喜爱，张轮远便曾经请王猩酋为之组石，并以王猩酋需要的木版作为报酬。这亦记载在他的《雨花石子记》里。

王猩酋所作《雨花石子记》，是他一生鉴赏、收藏雨花石的记录和总结，1943 年便发表于《中国史迹风土丛书》一书中，比 1948 年张轮远首次发表《万石斋灵岩大理石谱》早了五年的时间，可以说是中国现代第一部系统研究雨花石的经典文献。在本文中，他对雨花石收藏的历史、概念、产地、成因、收藏心理、收藏者的文化素质、收藏标准、鉴赏品第、命名、赏玩禁忌等，都作了深入的阐述，引证渊博，想象丰富，文章优美，引人入胜。文章提出的观点囊括了后来雨花石研究、收藏的大致范畴，雨花石理论研究的观点，基本上都提了出来，后人的论述，基本上没有超出他的阐释范围，可以说是一部奠基之作，对于现代雨花石研究和雨花石文化的发展，起到了理论上的先导作用。

王猩酋认为，在宋代时尚没有雨花石的概念，故苏轼以“怪石”“玛瑙石”“螺子石”名之，但以雨花石作为玩好，显然在苏轼以后，便开始了，成为文人、士大夫的文房清雅之物。

他的这一论述,与雨花石作为赏石产生的历史,大致相符,所以此说一出,便得到赏石界的基本认可。民国年间起,人们对于雨花石的概念、来源、矿物组成等作了深入的探讨,从而为1980年代提出广义雨花石和狭义雨花石概念的分立标准作了预先的准备。王猩酋首先对雨花石成因、矿物组成作了初步探讨。20世纪二三十年代,王猩酋在鉴赏雨花石的基础上,从灵岩石引申开来,对雨花石出产的大致范围第一次提出明确的质疑。他认为整个长江流域所产优秀石子皆可统而称之为雨花石,雨花石来源于长江中上游,以长江流域作为出产雨花石的大致范围,并对雨花石的产地作了明确的论断,记于《雨花石子记》。他的说法扩大了雨花石的概念范畴。

王猩酋在其多年的雨花石收藏过程中,既成为藏石家,也成为赏石家。他鉴赏雨花石从质、形、色、纹四个方面考虑,其品石尤重质、形、色、纹以及它的定名。他还从审美的角度,根据我国传统的诗品、书品、画品的品级原则,将石品分为“三等九级”。他的“九级品石”,不仅是对雨花石之美的品第,同时更具有实用性。他是从个人收藏鉴赏雨花石的经验上来立论的,无论对于初入门的雨花石爱好者,还是具有相当基础的雨花石收藏家,均有具体的指导意义。

王猩酋以全面深刻的知识基础、卓越的天资和艺术气质、文化境界使他在雨花石收藏鉴赏上占有先天的优厚条件,使他的雨花石收藏具有很高的文化品位。王猩酋有着儒家的知识素养,本人又博物考古、精通医术,于诗、书、画又有深厚的造诣,同时又不废西学,这就使他的雨花石收藏与鉴赏建立在他深厚的学识之上，取得了一般人难以获得的成就，在中国收藏史上留下了靓丽的一页。

王猩酋作为近现代雨花石鉴赏风气的开启者，他既是现代雨花石收藏的大家，又是系统研究雨花石的第一人，他的出现，对雨花石文化的延续与传播，确实尤为深远。王猩酋的《雨花石子记》，是在由古代向近、现代转型过程中出现的，奠定了现代雨花石收藏、雨花石文化的理论基础。无论怎样评述，强调它在雨花石文化史上的地位，都不为过分。它不仅接通了明清以来雨花石文化的脉络，而且具有直接指导现代雨花石收藏和开启未来雨花石文化的意义。也许王猩酋在生前并没有预料到他的《雨花石子记》会发生这样的影响，被雨花石界如此看重。无论如何，他毕竟以此，为我国雨花石文化，留下了令人沉重的极为浓郁的一笔。

（原载 2005 年 8 月 16 日《天津日报·武清资讯》）

“南京稀见文献丛刊”
已出书目

1. 《南唐书》（两种） （宋）马令　（宋）陆游

2. 《六朝事迹编类·六朝通鉴博议》 （宋）张敦颐　（宋）李焘

3–6. 《景定建康志》 （宋）周应合

7. 《金陵百咏·金陵杂兴·金陵杂咏·金陵百咏（外一种）》 （宋）曾极　（宋）苏泂　（清）王友亮　（清）汤濂

8. 《洪武京城图志·金陵古今图考》 （明）礼部　（明）陈沂

9. 《南京·南京》 （明）解缙　（民国）李邵青

10–12. 《金陵梵刹志》 （明）葛寅亮

13. 《金陵玄观志》 （明）葛寅亮

14. 《金陵琐事·续金陵琐事·二续金陵琐事》 （明）周晖

15. 《客座赘语》 （明）顾起元

16. 《后湖志》 （明）赵官等

17. 《金陵世纪·金陵选胜·金陵览古》 （明）孙应岳　（清）余宾硕

18. 《献花岩志·牛首山志·栖霞小志·覆舟山小志》

（明）陈沂　（明）盛时泰　（民国）汪闾

19. 《留都见闻录·金陵待征录》　（明）吴应箕　（清）金鳌

20. 《板桥杂记·续板桥杂记·板桥杂记补》

（明末清初）余怀　（清）珠泉居士　（清末民初）金嗣芬

21. 《建康古今记》　（清）顾炎武

22. 《摄山志》　（清）陈毅

23. 《白下琐言》　（清）甘熙

24. 《抚夷日记》　（清）张喜

25. 《盋山志》　（清）顾云

26. 《秣陵集》　（清）陈文述

27. 《钟山书院志》　（清）汤椿年

28–29. 《秦淮广纪》　（清）缪荃孙

30. 《随园食单·白门食谱·冶城蔬谱·续冶城蔬谱》

（清）袁枚　（民国）张通之　（清末民初）龚乃保　（民国）王孝煃

31. 《承恩寺缘起碑板录·律门祖庭汇志·扫叶楼集·金陵乌龙谭放生池古迹考》

（清）释鹰巢　（清末民初）释辅仁　（民国）潘宗鼎　（民国）检斋居士

32. 《骆博凯家书》　〔德〕骆博凯

33. 《金陵杂志·金陵杂志续集》　（清末民初）徐寿卿

34–35. 《金陵琐志九种》　（清末民初）陈作霖　（民国）陈诒绂

《运渎桥道小志》　（清末民初）陈作霖

《凤麓小志》 （清末民初）陈作霖

《东城志略》 （清末民初）陈作霖

《金陵物产风土志》 （清末民初）陈作霖

《南朝佛寺志》 （清末民初）孙文川　陈作霖

《炳烛里谈》 （清末民初）陈作霖

《钟南淮北区域志》 （民国）陈诒绂

《石城山志》 （民国）陈诒绂

《金陵园墅志》 （民国）陈诒绂

36–38.《南京愚园文献十一种》 （清）胡恩燮（民国）胡光国等

《白下愚园集》 （清）胡恩燮等　（民国）胡光国

《白下愚园续集》 （清）张之洞等　（民国）胡光国

《白下愚园续集（补）》 （清）潘宗鼎等　（民国）胡光国

《愚园宴集诗》 （清）潘任等

《白下愚园题景七十咏》 （清）胡恩燮　（民国）胡光国

《愚园楹联》 （民国）胡光国

《白下愚园游记》 （民国）吴楚

《愚园题咏》 （民国）胡韵蕖

《愚园诗话》 （民国）胡光国

《愚园丛札》 佚名

《灌叟撮记》 （民国）胡光国

39.《梁代陵墓考·六朝陵墓调查报告》

（清末民初）张璜　（民国）中央古物保管委员会编辑委员会

40.《金陵关十年报告》 （清末民国）金陵关税务司

41.《雨花石子记》 （民国）王猩酋

42.《京话》 （民国）姚颖

43.《金陵胜迹志》 （民国）胡祥翰

44.《金陵岁时记·岁华忆语》 （民国）潘宗鼎　（民国）夏仁虎

45.《秦淮志》 （民国）夏仁虎

46.《明孝陵志》 （民国）王焕镳

47.《金陵大报恩寺塔志》 （民国）张惠衣

48.《首都计划》 （民国）国都设计技术专员办事处

49–50.《总理陵园管理委员会报告》 （民国）总理陵园管理委员会

51.《总理奉安实录》 （民国）总理奉安专刊编纂委员会

52.《总理陵园小志》 （民国）傅焕光

53.《新都胜迹考》 （民国）周念行　徐芳田

54.《新京备乘》 （民国）陈迺勋　杜福堃

55.《新南京》 （民国）南京市市政府秘书处

56.《陷京三月记》 （民国）蒋公穀

57.《外人目睹中之日军暴行》 〔英〕田伯烈

58.《冶城话旧·东山琐缀》 （民国）卢前

59.《南京》 〔德〕赫达·哈默尔　阿尔弗雷德·霍夫曼

60.《南京概况》（秘密） （民国）书报简讯社

61.《丹凤街》 张恨水

62.《南唐二陵发掘报告》 南京博物院

63.《南雍咏史》 茅家琦